알기 쉬운 연극치료 시리즈 4

가족연극치료, 유연으로 한 걸음

김미희 저

학지사

시리즈 발간사

2005년 연극이 치유 기능을 가지고 있다는 믿음을 확산하기 위하여 문화체육관광부 산하 사단법인 연극치료협회가 창립되었습니다. 이후 활발하게 활동한 이래 임상과 연구 두 분야에 걸쳐 지식과 실력을 갖춘 전문가들이 양성되었고, 이들을 주축으로 한국 연극치료학 연구의 심화가 이루어졌습니다. 그 결과, 한국연극예술치료학회지는 그 알찬 내용을 인정받아 한국연구재단 등재지로서의 위상을 확립하였습니다. 특히 자랑스러운 것은 이 모든 발전이 우리 문화와 전통을 바탕으로 이루어졌다는 사실입니다. 이제 우리의 토양 위에서 이루어진 연극치료 이론이 세계를 향해 나아갈 준비가 되었습니다.

이 시리즈는 그 첫 결실로, 연극치료를 통하여 우리 사회의 건강과 행복을 도모하고자 기획한 것입니다. 각 저자는 연극치료와 관련된 여러 분야의 전문가로서, 스스로 경험한 내용을 독자들이 쉽고 편하게 읽고 이해하여 일상에 접목할 수 있도록 하였습니다.

이 시리즈의 출판을 흔쾌히 맡아 주신 학지사 김진환 사장님께 감사드립니다. 처음부터 연극치료에 지대한 관심을 가지고 아낌없이 지원해 주신 덕분에 연극치료가 이만큼 성장할 수 있었습니다.

앞으로도 계속 연극치료 연구와 실제 활동 내용을 발표하면서 독자 여러분과 만날 것을 약속드립니다.

한국연극예술치료학회

박미리

머리말

코로나바이러스가 극성을 부린 팬데믹 시절, 죽음과 생존으로부터 오는 두려움이 퍼져 나갔고, 거의 모든 것이 멈춘 채로 집에 머무는 시간이 길어졌었지요. 21세기 이래 누구도 빠짐없이 내일이, 아니 당장 오늘이 어떻게 될지 모른다는 불안이 엄습한 시절이었습니다. 그러나 다시 생각해 보면 집에서 가족과 함께하는 시간이 확보되었던 시간이기도 했습니다. 그 당시 저는 두려움을 악물고 꼼짝달싹도 못했지만, 한편으로는 가족으로 인해 따뜻한 시간을 보낼 수 있었습니다. 그 시간을 통해 가족이 가진 귀한 힘에 대해 다시 한번 생각하게 되었고, 가족연극치료로 책을 구성하고자 마음먹었습니다. 전 세계인이 몸과 마음에 여러 상처를 받아 가며 모두가 극심한 통증에 시달렸지만, 그래도 가족이 함께였기에 그 시기를 통과해 낼 수 있었음에 감사했습니다. 물론 가족과 물리적으로 떨어져 있더라도, 가족이 주는 단단한 힘을 서로 받아 가며 하루하루를 유지할 수 있었지요. 여기에서의 가족은 생물학적 가족, 정서적 가족 모두가 포함됩니다.

인류는 가족으로부터 시작되었습니다. 가족 없이는 내가 존재할 수 없으며, 내가 존재한다는 것은 사회에서 가족을 이루며 살아가고 있다는 증거이기도 합니다. 인간은 안정적인 심리적 · 정서적 교류를 원하고, 친밀함과 진정한 사랑이 포함된 공동체를 소망하지요. 이러한 의미를 가진 것이 곧 가족이라고 생각합니다. 이렇듯 인간은 가족과 함께하며 살아가는 것을 소망하고 꿈꿉니다. 삶을 잘 살아가고자 하는 이유가 가족이 되기도 하고, 삶을 유지할 수 있는 이유가 가족 덕분이기도 하며, 삶을 포기하고 싶은 이유가 가족 때문이기도 합니다. 이처럼 가족은 인간이 삶을 살아가는 데 힘의 근간이 될 정도로 중요하며, 이유를 불문하기도 합니다.

이 책에는 저자가 그간 연극치료사로 살면서 만나 온 보석보다 귀한 수많은 가족의 이야기가 모여 있습니다. 또한 저자가 18년간 현장에서 연구하며 실행했던 다양한 방법론과 가족연극치료의 모델을 공개합니다. 가족의 회복을 간절히 바라는 사람, 가족 때문에 숨조차 쉬기 힘든 사람, 연극치료에 대해 궁금함이 있는 사람, 가족연극치료는 어떤 것인지 알고 싶은 사람 모두에게 이 책이 조그만 도움이 되길 바랍니다.

이 책은 저의 첫 저서로, 발간을 앞두고 마음이 매우 떨리기도 하고 설레기도 합니다. 이러한 감사한 기회가 이루어질 수 있었던 건 비단 저의 능력 덕분만은 아닙니다. 그만큼 참 많은 사람이 저를 돕고 함께해 준 덕분이기에 그 고마운 사람들에게 감사 인사를 전하고 싶습니다. 먼저, 가족과 친구들입니다. 박사논문을 진행하고 졸업한 지 얼마 되지 않아 책 작업에 들어가면서 많은 휴일과 저녁 시간에 엄마나 아내로서의 부재가 잦았습니다. 이때마다 물심양면으로 돕고 기다려 준 우리 가족이 있었습니다. 나의 든든하고 다정한 짝꿍이자 친구인 남편, 그리고 하늘이 허락한 축복과 사랑 그 자체인 우리 두 아들, 내 인생에서 가장 큰 스승인 존경하는 우리 부모님과 내 자원의 근원이 된 친정 가족, 묵묵하게 변함없는 지원과 기도로 임해 주시는 시부모님과 시댁 가족, 나의 있는 그대로를 사랑해 주는 내 친구 중수와 현영이, 사진 촬영에 흔쾌히 임해 준 위드플레이 팀의 진희와 명민 · 진우 부부에게 무한한 사랑과 고마움을 전합니다. 다음으로 연극치료의 여정을 함께하고 있는 선생님들입니다. 나의 가능성을 알아봐 주신 박미리 스승님, 따뜻한 응원으로 지지해 주신 이선형 선생님, 나의 장점을 읽어 준 정소라 선생님, 꼼꼼한 조언과 지지를 보내 주었던 동료이자 친구인 이지은, 김지선 선생님, 그리고 5단계 사례에서 보조로 수고해 주며 든든하게 함께해 준 신민지, 정소영 선생님께 감사함을 전합니다. 그리고 또 감사를 전할 곳은 느린 속도로 진행되었던 제 글을 책이라는 완성물로 만들어 준 학지사입니다. 묵묵하게 저를 믿고 기다려 준 성스러움 과장님, 제 글의 방향성을 존중해 주며 섬세함으로 교본을 신경써 준 김지예 편집자님께 진심으로 감사함을 전합니다. 마지막으로 참여자들에게 가장 깊은 감사를 보내드립니다. '5단계 가족연극치료'에 진솔하게 임해 준 귀한 두 가정과, 이 책에서 다룬 많은 사례에 임한 참여자들 및 그 가정에 감사와 존경의 마음을 표합니다. 참여자들 가정 모두에 언제나 사랑이 가득하길 기원하겠습니다.

저는 가족 안에서 자원도 받았지만, 가족에게 상처도 받았고, 가족 안에서 다시 회복되었습니다. 가족을 통해 성장할 수 있었고, 가족 덕분에 성숙되고 있습니다. 이러한 노하우가 여러분에게 잘 전달되어 작은 길라잡이가 되고자 합니다. 저자가 그간 익히고 터득하고 연구한 여러 기법과 과정을 상세히 공유했으니, 여러분은 상황에 맞게 변형하여 활용하거나 그대로 적용하는 등 여러 실험을 해 볼 수 있기를 바랍니다. 이 책을 접하는 모든 가정에 따뜻하고 싱그러운 회복의 바람이 불어 유연한 가족으로 한 걸음 나아가기를 소망합니다.

저자 김미희

프롤로그

한 치 앞도 모르는 인생

20대 후반, 영성 공부에 한창이었던 시절이 있었다. 공부 모임과 세미나 등을 다니며 배운 것 중 20여 년이 지난 지금까지 기억에 남는 선명한 한 문장이 있다.

"인간의 진정한 사명은 인간관계입니다."

나는 고등학생 시절부터 인간관계를 유지하고 회복하는 것에 큰 관심이 없었다. 너무 어렵게 느껴져서 노력하지 않았다는 것이 솔직한 이야기일 것이다. 사람에게 상처받고 배신당하는 등의 일이 잦은 데다가 상처가 회복되지 않으니 관계 자체를 진중하게 받아들이지 말고 가볍게 여기면 된다는 생각으로 20대를 보냈다. 그런데 돌이켜 보면 내가 쉽게 상처를 받았던 이유는 인간관계 맺는 법을 공부하거나 관계에 대해 정성을 들이려 하지 않았기 때문인 듯하다. 뭔지 모를 불안감에 깊게 만나지 못하고,

혹시나 내 마음이 상대에게 더 기울어진 것 같거나 상대의 태도가 아니라는 생각이 들면 그대로 차단하면서 어차피 깊은 관계도 아니었다고 합리화하곤 했다.

그러나 이러한 사고방식, 태도, 자세가 나 스스로에게 상처를 준다는 사실을 미처 알지 못했다. 내가 정성을 들이지 않은 만큼, 상대도 내게 정성을 들이지 않을 거라는 것 또한 알지 못했다. 이 모든 것은 내 상처를 내가 키우는 격이 되는 것이지만, 나는 그것을 정당하다고 주장했다.

서른이 되어 연극치료에 입문했을 때, 나는 이 부분과 마주하게 되었다. 연극치료라는 이름으로 사람을 만나고 싶었던 나는 지금까지 해 보지 못한 방식으로 새롭게 관계를 맺고자 했다. 물론 시행착오는 엄청났다. 다시 익숙했던 방식으로 돌아가 버리는 관성의 힘이 매우 강했다. 새로운 방법은 어색하고 쉽지 않았지만, 지금은 어느 한 가지 방식만을 고집한 채로 인간관계를 맺으려 하지 않는다. '이럴 때는 이렇게 해야 해, 저럴 때는 저렇게 해야 해.'라는 식의 방법론에 치중하기보다는 나의 상황, 감정, 욕구와 상대의 상황, 감정, 욕구에 집중하며 유연하게 인간관계를 맺어 가려고 노력하고 있다. 방관자, 비평가, 목격자의 역할로 있었던 내가 살피고 들여다보게 된 것이다.

우리는 흔히 익숙한 것을 진리인 것처럼 받아들이는 경향이 있는데, 도리어 그것이 자신을 갉아먹을 수도 있다는 것을 알아야 한다. 또한 설령 머리로는 안다고 해도 거듭되는 연습과 반복이 없다면 그 어떠한 것도 실현하기 어려울 것이다. 누구나 자신에게 익숙한 것을 버리고 새로운 것을 받아들일 때는 당연히 서툴 수밖에 없다. 바로 이런 어려움을 겪는 대표적인 현장이 가족이다. 생판 다른 가정에서 자란 두 사람이 만나 새로운 가정을 꾸리고 자식을 낳고 살아가는 과정은 하나하나가 낯설고 새롭고 서툴 뿐이다. 그 서툶을 받아들이는 것이 유연함이다.

그런데 우리는 가정에서 완벽하기를 꿈꾼다. 완벽보다 유연함이 절대적으로 필요한데 말이다. 유연함이란 서툶과 완벽의 사이 어딘가에 있을 것이다.

나는 다정한 가정에서 태어나 자란 것도 아니고, 유년기와 청소년기에 별걱정 없는 여느 소녀들처럼 지내지도 못했고, 성인기에 나의 꿈을 마음껏 펼치며 지내지도 못했고, 돌아보면 건강한 연애를 해 본 기억도 별로 없으며, 사람으로 인한 트라우마인 대인 외상도 반복적으로 겪었다. 그러한 내가 어느 정도 회복되어 가정을 이루고, 자녀들을 양육하고, 지금 하고 싶은 일을 하며 살아가리라고는 전혀 생각하지 못했다. 정말이지 한 치 앞도 모르고 살았다!

난 힘든 고등학생 시절을 보내고 스무 살이 막 지나면서 인생의 멘토가 있기를 간절히 원했다. 멘토가 될 만한 사람을 찾지 못한 것이 나를 가장 슬프고 외롭게 했던 것 같다. 인생에서 누군가 길라잡이가 되어 주거나, 존재 자체로도 안정감을 주는 사람이 한 명만 있다면 참으로 그 인생은 괜찮을 것이다. 이 책이 여러분에게 작은 길라잡이가 되기를 소망한다.

차례

제2부 만나기
서툰 역할 집합소 가족, 왜 연극치료인가

제5장 5단계 가족연극치료 · 143

제3부 경험하기

완벽한 가족보다 유연한 가족으로 한 걸음

제6장 닮아서 미안하고 닮아서 애틋한 부녀 · 173

제 1 부

이해하기

진짜 민낯의 거울인 가족

진짜 민낯의 거울인 가족

제1부 '이해하기'에서는 가족의 소중함을 알아차리도록 돕는다.

제1장 '우리네 가족'에서는 다양한 가족 형태를 제시하며 현 가족 구성원의 변화를 알린다. 또한 가족에게만 허용된 민낯에 대해 어떻게 노출, 조율, 활용해야 하는지에 대해 연극치료 사례를 통해 이해를 돕는다. 인간은 모두 서툴며 민낯을 가지고 있고 그러한 사람이 모여 가족을 이룬다. 가족으로 인해 인생에서 가장 중요한 것이 형성되기도 하고, 제일 힘든 문제나 상처가 생기기도 한다. 우리는 가족이 미워서 포기하고 싶다가도 가족의 회복을 위해 노력하는 모습을 보이는 양면성을 가지며 살아가기도 한다. 가족으로 인해 드러난 참여자들의 신체화 증상이나 연극치료 여러 사례를 공유함으로써 가족은 서로의 거울이 되기에 참으로 소중하고 조심해야 하는 존재임을 살펴본다.

제2장 '연극치료에서 만난 가족 이야기'에서는 가족 간의 민낯과 서툶의 모습으로 인해 가정 붕괴와 개인 안녕의 위기를 경험했던 실제 가족연극치료 사례를 공유한다. 가정 안에서 왜 충돌과 불통이 생기는지 소통을 위해서는 어떻게 해야 하는지를 다룸으로써 가족이란 어떤 의미인지, 가정 회복은 왜 필요한지에 대한 이해를 돕는다. 사례를 통해 우리네 가족과 비슷한 지점을 찾아볼 수 있는데, 여러분의 현재 마음 상태와 현실에 대입하며 자신의 것으로 사유해 보기를 바란다.

제1장

우리네 가족

1 가정, 왜 회복되어야 하나

가족

가정은 왜 회복되어야만 하는가? 어떤 형태로 회복되어야 하는가?

가정 회복은 가족 중 누군가를 행복하게 만들기 위한 것이 아니다. 가정 회복은 곧 나의 회복이자 나의 행복을 찾기 위한 과정이다. 여기서 말하는 회복이란 "가족 모두가 한곳에 모여 사랑하며 오순도순 살았답니다."라고 말하려는 것이 아니다. 우리는 결이 다른 상처를 앓으며 살아간다. 내가 말하고자 하는 회복이란 각자의 마음속에 맺힌 상처, 원망, 미움, 죄책감 등에 얽매인 자신을 놓아주고, 자기 삶을 주도적으로 살아가는 것이다. 가정이 회복된다면 우리는 이전보다는 더 행복한 삶의 질을 누릴 수 있을 것이다.

가정의 회복은 개인인 나를 회복시키는 결정적인 계기가 된다. 역으로 개인의 회복이 가정의 회복까지 가져다줄 수 있다. 이것은 내가 체험한 것이기도 하다. 나는 그동안 수많은 가정이 회복되는 현장을 만나면서 가족의 소중함을 더욱 절실히 느끼게 되었다. 가족의 소중함을 실현화하기 위해서 마음속에 맺힌 것을 어떻게 풀어 줄 수 있을지, 가족 구성원 각자의 회복을 위해서 어떠한 실질적 치료 작업이 필요한지를 살펴야 할 것이다.

다섯 자매

나는 다섯 자매 중에서 셋째 딸이다. 언니들끼리 연년생, 동생들끼리 연년생으로, 중간에 내가 콕 끼었다. 나는 작은언니와 3년 터울, 큰동생과도 3년 터울이었으니, 나만 세대별 공감대에서도 멀어졌다. 나이 차이가 있어서 그런지 언니들은 자신들의 친구들끼리도 함께 자주 어울리고, 동생들은 서로 거의 친구처럼 지냈다. 나는 동네 친구들과 주로 지내야 했다. 물론 동생들을 데리고 놀기는 했으나 많은 기억이 없다. 내가 고등학생 때 큰언니는 결혼해 독립했고, 작은언니는 취직해서 회사 기숙형 숙소에서 지냈다. 나는 원하는 학과에 가기 위해 고작 몇 개월 학원을 다니고 실습 입시에 도전했으나 결과는 모두 낙방이었다. 재수는 절대 있을 수 없다는 엄포 때문에 울며 겨자 먹기로 어쩔 수 없는 대학에 다녔다. 결국 나는 말없이 무단결석이 길어지고 반복되었는데, 이것을 부모님이 알게 되면서 자퇴하고 재수를 시작했다. 그러던 중 동생들은 모두 서울로 대학을 가면서 넷째는 이모네 집으로, 막내인 다섯째는 기숙사 생활을 시작했다. 나만 덩그러니 부모님과 남았다. 내가 제일 먼저 이 집을 떠나고 싶었는데, 내가 마지막까지 집에 남게 된 것이다.

나와 부모님은 소통이 거의 없었다. 재수 후 원하는 학과에 가게 되었어도 학교는 마음에 들지 않아 만족감이 없었다. 그렇게 늦깎이 대학생이 되고 얼마 되지 않아 학교에서 폭력 사고가 일어났다. 내가 남자 선배에게 무자비한 폭력을 당하는 인생 최대의 트라우마를 겪게 된 것이다. 그럼에도 학교를 버젓이 다니는 선배와 자꾸 마주치게 되었고, 나를 향한 집단의 시선은 오히려 따가웠다. 나는 신경증과 우울증에 시달리다 결국은 휴학하고 홀연히 그 지역을 떠났다. 내가 피해자임에도 불구하고 숨거나 도망가야만 하는 일을 경험하게 됐다. 나는 이때 다른 지역에서 자녀 둘을 낳고 살고 있는 큰언니 집에서 물먹은 솜처럼 지내는 한편, 고향에서는 부모님만 지내시게 되었다.

고향을 떠나 부모님과 일찍 멀어지면 나의 상처 회복에 도움이 될 것이라고 확신했다. 독립을 통해 빠르게 성장할 수 있거나, 독립의 자유를 누리거나, 의지대로 삶을 꾸려 갈 수 있으리라 생각했는데, 그러한 생각은 모두 오산이고 착각이었다. 현실은 눈동자까지 시릴 정도로 참으로 냉정하고 차가웠다. 그러던 어느 날 TV에서 미국의 쌍둥이 빌딩이 폭발했다는 속보가 떴다. 첫 보도가 뜨던 날에는 영화인 줄만 알았는데, 그건 실제 상황이었다. 사건 당일 나는 아무것도 못 한 채 꼼짝없이 멈춰서 그 장면을 보고 있었다. 비행기가 의도적으로 충돌하여 폭발하는 장면은 하루 종일, 한 달 이상 TV에서 비춰졌다.

그때 나는 '이대로 무슨 사고가 일어난다면 부모님을 보기가 어려울 수 있겠구나. 우리 자매들은 모두 흩어져 지내기에 만나기가 어렵겠다.'라는 생각이 들었다. 그때의 공포감, 두려움과 떨림을 아직도 기억한다. 이어서 따라온 또 하나의 생각은, 가족들 모두 각개전투하며 자기 일에 몰두해 살아가고 있는 게 슬프게 느껴졌다. 나 또한 나의 메말라 버리고 딱딱해지고 날이 선 정서를 회복하고 싶었다. 서로를 느끼며 따뜻한 마음으로 회복되면 좋겠다는 생각이 들었다. 내 안에서 가족 한 명 한 명을 원망하고 미워하고 질투하던 마음들을 정리하고 내려놓고 싶어졌다. 개인적으로 영혼이 피폐해지고 모든 것과 적이 되어 버린 나에 대한 구원을 간절히 원하게 되었다. 사실은 회복을 원하고 있었으나 그것을 몰랐던 내 마음에 회복의 불씨가 붙던 시간이었다.

고심 끝에 나는 공중전화로 가 울먹임을 감추고 떨리는 마음을 부여잡은 채 부모님께 전화했다. 부모님께 의사 표현을 곧잘 하는 아이가 아니었기에 엄청난 용기가 필요했다. 부모님께 딸들 모두가 뿔뿔이 흩어져 사는데, 단칸방이라도 자취방 하나 마련해서 모두가 모여 살아야 하지 않겠냐고 함께 살 수 있도록 도와달라고 호소했다. 그것이 계기가 되어 4명의 자매는 한집에 살기 시작했다. 물론 자매들끼리 함께 사는 시간들은 참 많이 삐그덕거렸다. 우리는 모두 성인인 데다가 그간 자기 개성대로만 사느라 융합해 본 적이 없었기에 자주 싸우고 자주 냉정하고 자주 이기적이었다. 우리는 함께 살아가면서 서로 맞추고 조율하는 등 여러 시행착오를 겪어야 했고, 나에게는 가족과 자매 간의 깊은 회복이 필요하다는 것을 피부로 느끼게 된 20대였다.

9 · 11 테러 사건

공중전화

2 다양한 가족

2025년이다. 2000년 밀레니엄 시대를 통과하고, 21세기에 들어선 지 25년 차가 되었다. 21세기에는 지구를 강타하는 수많은 자연재해가 하루가 멀다 하고 벌어지고 있다. 쓰촨성, 아이티, 일본 등의 대지진과 쓰나미, 각국의 폭우, 폭염, 폭설이 난무하고 빙하가 빠른 속도로 녹아내리는 등 지구는 매우 아파하고 있다. 인간들은 사스, 신종플루, 메르스, 코로나19 등의 바이러스로 인한 질병과 공포에 시달리고 있다. 또한 수많은 테러와 내전 그리고 전쟁이 일어나지만, 협상이나 전쟁 종식의 소식은 잘 들리지 않는다. 세계적 대표 사건으론 2001년 미국을 겨냥한 이라크 알카에다의 9 · 11 테러 사건, 2022년 러시아와 우크라이나 전쟁, 2024년 이스라엘과 헤즈볼라 전쟁 등이 있다. 한국에서는 2003년 대구 지하철 화재 참사, 2010년 천안함 피격 사건, 2014년 청해진해운 세월호 침몰 사고, 2022년 이태원 압사 사고, 2024년 제주항공 여객기 참사 등으로 유독 수많은 청소년과 청년을, 그리고 가족을 잃게 된 큰 사건이 많았다.

그러면서도 이 아픈 사건들이 무색할 정도로 과학, 의학, 정보통신기술 등은 눈이 부시게 빠른 속도로 발전하고 있다. 패션, 영화, 드라마, 연극, 대중가요, 대중예술 등은 유행이라고 발하려는 순간 이미 다른 유행이 치고 들어오는 현상이 생기고 있다. 유행이 스치듯 지나가는 것이 유행이 되어 버린 시대가 되었다. 일명 '순삭', 순간 스치듯 있다가 빠르게 삭제되거나 사라져 버리는 현상이다. 이렇듯 21세기에는 아픔과 고통, 두려움과 불안의 연속에서 기술의 발전은 빛의 속도로 이루어지고 모든 것은 빠르게 빠르게 더 빠르게 나아가고 있다.

이에 발맞추어 가정의 형태도 해마다 새로운 가정의 모습으로 탄생되는 듯하다. 법률상 혼인상태만 가족이라 칭하지 않기도 하고, 같은 유전자, 일명 핏줄끼리만 가정을 이루는 시대도 아니다. 이제는 전통의 방식을 고수하는 것이 아니라 결혼과 가정을 이루는 형태를 선택하는 시대가 되었다.

다양한 가족의 탄생이 이루어지고 있다. 다양한 가족 구성을 표로 간단하게 정리해 보았다(〈표 1-1〉 참조). 여러분도 자신의 기준에 맞는 가족 형태에 표시해 보기를 바란다. 이 외에도 더 다양한 가족 형태가 있을 수 있으니, 〈표 1-1〉을 보며 다른 가족 형태가 떠오른다면 추가해 생각해 보기를 바란다. 사실 이러한 가족 구성은 인간의 오랜 역사상 늘 존재했을 것이다. 이러한 가정 형태에 대한 용어들이 생기고 대중으로 드러난 시점이 지금일 뿐이며, 그 종류는 계속 늘어 가고 있는 것이 현실이다.

다양한 가족의 형태로서 1인 가족 외에도 법적 관계의 가족끼리의 가정, 법적 관계가 아닌 법적 보호가 필요한 가정, 정서적 관계나 필요에 의한 합의로 이루어진 가정 등이 있다.

법적 관계로 맺어진 가족은 혼인신고를 통해서 이루어진 부부

다양한 가족 형태

이며, 그 부부에게서 태어나 출생신고를 통해 가족관계로 이루어진 가정까지 해당한다. 법적인 가족관계일지라도 형제자매간에 같은 유전자로만 이루어진 형태가 아닌 경우 등 다양하다. 여기에는 사별, 이혼, 재혼, 입양 자녀, 손자녀, 조부모, 다문화 가정, 미혼모, 미혼부 등이 이에 해당한다. 여기에서 미혼모, 미혼부는 미혼인 상태로 자기 자녀를 출생신고하고 친권과 양육권 등에 대한 법적 절차가 남아 있는 경우이다.

법적 보호가 필요해서 모인 가정으로는 그룹홈, 보육원, 보호시설 속의 가정 형태가 있다. 정서적 관계로 만들어진 가정은 사실혼 부부, 동성 부부 등이 해당한다. 또한 공동체 가정으로서 필요에 의하면서 정서적 관계가 복합된 가정 형태로는 1인 가구끼리의 동거로 형성된 관계, 가출팸 등이 이에 속한다. 특히 1인 가구끼리 동거로 형성된 관계에는 대학생들끼리 모여서 살아가는 자취 형태, 타지 생활의 생활비를 절약하기 위해 함께하는 청년끼리의 룸메이트 형태, 사실혼까지는 아니더라도 연인의 동거로 이루어진 형태, 고령의 1인 노인끼리 서로의 건강 상태 등을 살피고 정을 나누며 함께 살아가는 형태 등이 해당할 수 있다.

지금 언급한 가정의 형태에는 질병, 장애, 정서적 아픔 등의 해석을 포함하지는 않았다. 큰 구조의 가정 형태일 뿐, 그 속을 다시 들여다보면 자녀가 장애가 있는 경우, 맞벌이 부부, 친척 집에서 살아가고 있는 자녀, 가족 일원 중 한 명이 오랫동안 병원에 입원해 있는 가정 등 수많은 정서적 · 신체적 · 사회적 · 물리적 문제로 인해 각각 세밀하게 다른 형태의 가정들이 존재하고 있다.

나는 연극치료 초년생 때, 발달장애 연극치료 캠프에서 연극치료사로 수년간 활동했다. 이곳은 발달장애 아동, 그 형제, 그 부모가 모두 참여하는 발달장애 가족 캠프였다. 나에게 이 경험은 다양한 가족 형태를 알게 된 첫 계기가 되었다. 이후 아주 다양한 기관에서 더욱 많은 가족의 형태를 만나게 되면서 소중한 경험과 살아있는 공부를 하게 되었다. 수련 과정을 포함해 19년 동안 만나게 된 가족들은 대략 이러하다. 미혼모 센터에서 만난 아이를 지키고자 하는 엄마, 부모의 버림으로 인해 홀로 남겨진 보육원의 아이, 부모의 피치 못할 사정이나 방임 · 방치 · 폭력

등에 시달리던 끝에 위탁가정인 그룹홈에 인계되어 보호받으며 학업을 이어 가는 아이, 가정폭력으로 인해 보호시설에 몸을 피한 여성과 그 자녀, 지역 아동 발달센터에서 만난 아이, 발달장애 아동 · 청소년 · 성인 자녀를 둔 가족, 성폭력으로 인해 보호시설의 도움과 보호가 절실히 필요한 아동 · 청소년, 청소년 상담센터에서 만난 여러 가정 형태의 청소년과 그 부모, 초 · 중 · 고에서 만난 학교폭력에 노출된 피해 학생과 가해 학생, 그리고 학교 부적응으로 인한 우울군에 해당하는 청소년, 건강가정지원센터에서 만난 이혼위기가정이나 이혼가정에서 살아가는 그 부모와 자녀, 다문화센터에서 만난 다문화 가정, 갱년기와 싸우고 있는 중년 여성, 노인센터에서 만난 다양한 삶을 살아온 노인, 도박중독센터에서 만난 도박을 이겨 내고자 하는 당사자와 그 가족, 정신건강복지센터에서 만난 조현병 환자와 그 가족, 그리고 일반 정신의학병원, 소아 · 청소년과, 국군 병원 등과 연결된 심리서비스 관련 시스템에서 만난 가족 등 수많은 가정 속의 사람들을 만나 연극치료 안에서 함께 울고 웃으며 자신만의 힘을 찾아 회복하는 시간을 가졌다. 하여, 나는 가정이 얼마나 소중한지, 어느 가정이든 그 속에 속한 한 사람 한 사람이 얼마나 귀한 존재인지를 지속적으로 경험하고 있다. 사실 이 사회는 가정 없이 이루어질 수 없다. 가정 형태가 어떠하든 개인의 회복을 통해 가정은 회복되어야만 한다.

<표 1-1> 다양한 가족 형태(2025년 기준)

no	가족 형태	구성 및 상황			
a	부부	ㅁ 함께 거주	ㅁ주말 ㅁ월 ㅁ분기	ㅁ 기러기	ㅁ 별거
b	사실혼 부부	ㅁ 함께 거주	ㅁ주말 ㅁ월 ㅁ분기		
c	동성 부부	ㅁ 함께 거주	ㅁ주말 ㅁ월 ㅁ분기		
d	사별	ㅁ 조부모	ㅁ 배우자	ㅁ 자녀	ㅁ 손주
e	이혼	( ) 회			
f	재혼	( ) 회			
g	미혼모(싱글맘)	ㅁ			
h	미혼부(싱글대디)	ㅁ			
i	무자녀	ㅁ			
j	유자녀	명수:	성별:	터울:	
k	입양 자녀	명수:	성별:	터울:	
l	손자녀	명수:	성별:	터울:	
m	조부모 가정	ㅁ 조부	ㅁ 조모		
n	다문화(국적)	부:	모:	자녀:	조부모:
o	그룹홈(위탁가정)	기관 ( ) 개	• 지금까지 몇 개의 기관을 다녔는가? • 현 기관에 거주한 기간은 어느 정도인가?		
p	보육원	기관 ( ) 개	• 지금까지 몇 개의 기관을 다녔는가? • 현 기관에 거주한 기간은 어느 정도인가?		
q	보호시설	기관 ( ) 개	• 보호시설 이름 ㅁ장애인 주간 보호시설 ㅁ 미혼모 ㅁ쉼터 ㅁ기타( ) • 현 기관에 거주한 기간은 어느 정도인가?		
r	가출팸	그룹 ( ) 개	• 지금까지 몇 개의 팸을 다녔는가? • 현 팸에 거주한 기간은 어느 정도인가?		
s	동거 및 룸메이트	일주일에 함께 거주하는 날짜 ( ) 일	• 같이 거주하는 사람과의 관계는 어떠한가? • 함께 거주한 기간은 어느 정도인가? • 경제적 지원을 받고 있는가? ㅁ유 (기관 이름:) (그 외:) ㅁ무		

출처: 김미희(2025).

3 가족, 민낯의 거울

1) 소통과 불통 사이, 건강한 민낯

소통 가족

가정은 가장 안전한 안식처이기를 모두가 소망한다. 포근한 불빛이 새어 나오고, 맛있는 음식 냄새가 나며, 따뜻한 공기가 느껴지는 그런 가정을 꿈꾼다. 하지만 그 안에서 살아가는 가족들은 종종, 때로는 자주 서툴고 부족하다. 서로 잘 모르고, 우왕좌

왕하고, 연약한 모습으로 인해 결핍과 상처를 주기도 하고, 상처를 제대로 치료하지 못한 채 그대로 굳어 버리거나 덧나기도 한다. 그리고 이로 인해 여러 상황에서 어려움에 빠지곤 한다.

치열한 현실과 싸우고 있는 우리에게 누가 힘이 되어 줄 수 있을까? 가족의 따뜻한 포용과 지지의 한 마디가 아닐까? 어딘가에서 보고 듣는 백 마디 메시지보다 가족의 한 마디 메시지가 더 큰 울림과 원동력이 될 수 있다. 반면에 가족의 비난과 무관심은 비교할 수 없을 정도의 파괴성과 상처를 가져다준다. 여기서 말하는 가족은 꼭 생물학적으로 연결된 사람들만을 의미하지는 않는다. 우리는 타인에게는 따뜻한 언행을 곧잘 하면서도 가족에게는 왜 그렇게 하지 못할까? 어디에서부터 문제가 시작된 걸까? 결론부터 이야기하자면 연습하지 않았기 때문이다. 익숙하지 않아서이다. 해 본 적이 없기 때문이다. 이를 역으로 말하면, 연습하면 가능하다는 것이다.

인간은 사회에서 생존하기 위해 사회적 가면인 '페르소나'를 적절히 사용하며 살아간다. 그런데 가정으로 들어왔을 때 그 적절한 가면을 우리는 사용하지 못한 채 나의 모든 욕구와 감정을 드러내거나 감추거나 하면서 문제가 일어나기 시작한다. 가정의 갈등 속에서 흔히 나오는 말들을 살펴보자. 어디선가 익숙한 목소리가 들리는 듯하며 가슴이 조여 온다. 이런 말들은 모든 것이 상대의 잘못이라고 주장하며, 상대의 존재감을 무시하는 말이다. 게다가 연습하지 않아도 술술 나오는 말이다.

- "넌 어차피 안돼."
- "그러니까 하지 말라고 했잖아!"
- "그것밖에 못 하니!"
- "너 때문에 망했어!"
- "너 때문에 아무것도 하기 싫어져."

불통 가족

상대가 내가 원하는 것을 하지 않았다고, 내가 하라는 대로 하지 않았다고, 사회가 원하는 것을 못 하고 있다고 다그친다. 너는 없고 나의 기준만 앞서 있는 것이며, 나의 기준만이 앞설 때 갈등과 불화는 시작된다. 상대가 무엇을 원하는지, 어떤 상태인지에 대해 알아보려 하거나 이해하려는 것이 전혀 없는 폭력적인 상태에 다다른 것이다. 타인을 이해해 보라는 말, 타인의 입장에서 생각해 보라는 말은 길을 잃은 채 허공에 떠도는 먼지가 되어 버린다. 결과적으로 상대의 행위를 절대 이해하거나 용납할 수 없다고 한다. 내가 아닌 상대가 고집불통이라고 아우성친다. 그런데 정말 상대가 나와 똑같아지기를 원하는가? 내가 원하는 대로 변하고 내가 원하는 것만 하는 꼭두각시가 된다면 정말 행복해지는 걸까? 나는 대외적으로도 맞는 생각을 잘하고 객관적으로도 내 생각이 옳으니, 상대에게 내가 원하는 것만 하라고 강요하고 있는 건 아닌지 되돌아볼 필요가 있다. 이는 배우자가 배우자에게, 부모가 자녀에게 가장 자주 하고 있을 것이다.

하지만 이를 다르게 표현해 보면 상황은 완전히 달라질 수 있다. 불통의 언어를 소통의 언어로 바꾼다면 이렇게 바꿀 수 있을 것이다. 이처럼 완벽하게 되진 않더라도, 어색하더라도 노력을 보여준다면 우리의 소통은 열릴 것이다.

불통의 언어		소통의 언어
"넌 어차피 안 돼."	➡	"네가 속상해하는 걸 보니 나도 마음이 아프네."
"그러니까 하지 말라고 했잖아!"	➡	"실수해서 속상하겠네."
"그것밖에 못 하니!"	➡	"최선을 다했는데 이번에 잘 안됐구나. 그럴 수도 있단다."
"너 때문에 망했어!"	➡	"노력했는데, 잘 안돼서 힘들어."
"너 때문에 아무것도 하기 싫어져."	➡	"나 좀 잠시 혼자 있을게. 지금 대화하기 힘들어."

익숙하지 않다며 주저하지 말고, 소리내어 연습해 본 뒤 실행하는 것이 중요하다. 우리는 말을 따뜻하게 해야 한다는 것을 잘 알고 있다. 상대를 무시해서는 안 되고, 거짓말하지 말고, 예의 바른 말투와 행동을 취하고, 진심을 담아서 상대를 대하라는 교육을 어릴 적부터 받아 왔다. 그런데 가족에게는 잘되지 않아 자주 좌절을 맛본다. 누가 알려 주지 않았는데도 가정에서는 서로에게 민낯을 드러내도 된다는 생각에 지배당하기 쉽다. 하지만 완전한 민낯을 드러내는 것은 오히려 위험을 초래할 수 있기에 민낯을 드러내는 데 조절이 필요하다.

중요한 건 가족이라면 민낯을 건강하게 드러내고, 그것을 받아들이며, 보듬으면서 이해해 주는 것이 필요하다는 점이다. 과연 민낯을 내놓을 수 있는 곳이 가정 말고 어디란 말인가? 가정은 민낯을 어떻게 드러내고 처리해서 대응해야 하는지를 배우고, 이를 습득하며, 연습할 수 있는 곳이어야 한다. 그래야 개인이 개인으로 독립할 수 있으며, 자녀가 성장하여 가정을 이루고 그것을 다시 정서 유산으로 물려줄 수 있다.

여기에서 주의해야 할 것은 폭력적인 민낯이다. 폭력이라는 민낯은 인간의 파괴성을 드러내는 꼴이다. 폭언과 폭력으로 인한 상처가 반복적이고 지속적으로 이루어지면 사람의 발달 과정에 주기적인 상흔으로 남게 된다. 그 상처를 치유하지 않은 채 내버려두면 그대로 발달 트라우마 또는 복합 트라우마로 전락하게 된다. 민낯은 민낯다워야 하는데, 이것의 정도가 지나쳐 자신의 폭력성을 마음껏 표현하면서 인간의 존엄성을 몰살하는 것은 파괴적 민낯이다. 파괴적 민낯은 대부분 참았다가 한번에 폭발적으로 분출되는 경우가 많다. 하여, 가족에게 자기 민낯을 안전하게 드러내는 연습이 이루어져야 한다. 가족은 서로의 민낯을 받아들이고 대응할 수 있는 사이여야 하기 때문이다.

2) 민낯을 제대로 보이지 못한 나

나는 사실 연극치료 공부를 시작하기 전까지, 원가족에게 나의 민낯을 제대로 보여 주지 못했다. 빈 수레가 요란하듯 겉으로 어떠한 소리를 냈겠으나 정작 해야 할 소리는 제대로 내지 못했다. 소리내어 울기보다 숨죽여 울었고, 하라는 대로 해야만 한다는 강박감이 있었다. 중학생 시절이다. 어느 날 작은언니가 나를 불러 진지하게 말했다. “왜 너는 엄마가 하라는 대로만 하는 거야? 왜 네가 하고 싶거나 하기 싫은 것을 말하지 않아? 정말 네가 원해서 하는 거야? 네 소리를 내야지. 네 소리를 내지 않으니 엄마는 더더욱 엄마가 원하는 것만 하라고 하는 거야. 정말 네가 원하는 게 뭔데?” 나는 작은언니가 이 말을 내게 해 주는데 왜 그렇게 눈물이 났는지 모른다. 하염없이 울었던 기억이 있다. 그 당시 엄마는 냉정하면서 강압적이었고, 아빠는 다혈질적이면서 완강한 사람이었다. 나는 실제로 공부를 잘하는 아이가 아니었는데도 중학생 때 좋은 성적이 몇 번 나오면서 나를 향한 부모님의 기대는 날이 갈수록 커졌다. 난 그 기대에 부담을 느끼다가 고등학교에 올라가면서 결국 공부에 흥미를 잃어버렸다.

대외적으로 나는 학교나 밖에서 즐겁게 잘 지내는 듯한 아이였다. 물론 중학생 시절에는 즐거움이 있었고, 아름다운 추억이 많았으며, 내 인생 가장 황금 같은 시간이었다. 소녀다웠고 꿈도 많았고 감수성이 마음껏 성장한 시기였다. 그러나 겉으로는 긍정적인 감정만 한없이 드러내는 아이였을 뿐, 정작 내면의 진짜 소리는 저 깊은 곳에 숨겨 놓은 아이였다. 그렇게 고등학생이 되어 늦은 사춘기가 극심해지면서 나는 스스로를 고립시키기 시작했다. 이러한 감정은 우울로 이어졌고, 그 탓에 친구관계가 거의 이루어지지 않아 반 애들과 대화가 단절된 채 지냈다. 설상가상으로, 10년 넘게 함께 자란 반려견이 죽으면서 나의 우울감은 극에 다다랐다. 내가 원하는 친구들은 이미 다른 친구들과 어울리고 있었고, 나는 쉽게 끼지 못했다. 뒤늦게 친해진 친구들은 사실 결이 달라 어울리기가 어려웠다. 말 그대로 우울과 암흑 그 자체의 고등학생 생활이었다. 그리고 내가 원하는 것을 전혀 하지 못하게 하는 부모님이 너무 싫었다. 자연스럽게 나는 고등학교를 졸업하는 동시에 가정을 떠나야겠다고 마음먹었다. 나는 자존감이 낮아지면서 자존심은 강해진 채 날이 설 대로 서 있는 스무 살을 맞이했다. 이렇게 병들어 있는 나를 가족은 전혀 알아채지 못했고, 나 또한 가족에게 알리지 않아서 가족도 나 자신도 나를 방치했다.

3) 몸에 의한 앎 연극치료, 신체로 드러나는 마음

인간의 몸은 센서로 작동된다. 어떤 질병이 생겼느냐에 따라 신체활동의 큰 변화가 일어나듯이, 어떤 정서를 먹고 자랐느냐로 그 사람의 신체는 반응하고 드러난다. 본인은 그것을 티 내지 않겠다고 하지만, 결국 신체로 모든 것은 드러난다.

우리는 알고 있다고 생각하고 말하지만 실제로 행동으로 잘 옮겨지지 않는다. 어쩌면 우리는 '안다'라는 착각에 빠져 있을지 모른다. 우리가 흔히 사용하는 '알다(know)'라는 단어의 어원인 히브리어 'ערי(yada)'는 성경에서 언약의 의미로 사용되며, '머리로 이해하는 것을 뛰어넘어 행동으로 나오는 것'을 뜻하며, '관계적인 앎' '경험적인 앎' '육체에 의한 앎'을 의미한다. 즉, 진정으로 안다는 것은 몸에 의한 행동이 동반되어야 하는 것으로 '몸에 의한 앎'이 진정한 앎이라고 할 수 있겠다.

연극치료는 바로 이러한 '몸에 의한 앎'을 지향하는 과정이다. 가족연극치료는 가족 안에서 굳어진 문제에 건강한 균열을 주어서 몸을 통해 새로운 변화와 회복을 가져올 수 있다. 가족치료의 대가인 버지니아 사티어(Virginia Satir) 또한 신체적 경험을 통한 가족의 변화를 시도했다. 경험은 심리 · 정서 · 신체 · 영적 변화를 가져다줄 수 있고, 연극치료는 그에 가장 적합하다. 연극치료를 통한 회복의 속도는 비교적 빠른 편이며, 그 과정은 매우 선명하다. 때로는 그 선명함이 참여자들을 놀라게 하기도 한다. 물론 모두에게 연극치료가 적합한 것은 아니지만, 나는 18년간의 현장 경험을 바탕으로 연극치료가 누구에게나 가능하다고 자신 있게 말할 수 있다.

(1) 폭력에 노출된 아동

내가 첫째를 임신하고 7~8개월쯤 되던 시절이다. 초등학교 저학년 4~5명 정도의 집단상담이었고, 워밍업으로 술래잡기를 하기로 했다. 아이들이 즐거워하는 가운데 술래잡기가 시작되었다. 임신 으로 그 당시 몸무게가 20킬로그램이나 늘어서 나의 움직임은 둔하고도 느렸다. 내가 술래가 되어 뒤뚱거리며 느린 동작으로 움직이자 아이들은 모두 빠른 움직임으로 잽싸게 도망다녔다. 그러다 어떤 아이가 구석으로 갔고 나는 그 아이에게 양손을 벌린 상태에서 '잡으러 간다!'라고 하며 다가갔다. 그런데 그 아이는 벽을 향해 온몸을 움츠린 채로 손으로 얼굴을 가리고 벌벌 떨었다. 약간의 이상함을 감지하고 아이를 살펴보니 아이는 울고 있었다. 나는 다른 아이들을 보조치료사 선생님께 맡긴 후 그 아이를 따로 달래며 이야기를 들어보았다. 본인은 술래잡기가 재미있다는 걸 알고 시작했는데, 선생님의 큰 몸짓과 두 팔을 들고 다가오는 모습이 아빠가 자신을 때리러 오는 모습처럼 느껴졌다고 했다.

결국 이 상황을 담당 선생님께 알리면서 아이는 개별적 관심군이 되었다. 향후 연극치료는 단계적으로 작은 움직임부터 확장하면서 움직임의 정도를 익히고 받아들이는 연습들이 이루어졌다. 이후 이 아이는 술래잡기를 웃으면서 신나게 할 수 있게 되었다.

(2) 발달장애 형제를 둔 아동·청소년

나는 연극치료 초년생일 당시 한국연극치료연구소의 연구원이었다. 이때 연구소는 발달장애 아동이 있는 가족 전체가 참여하는 발달장애 여름 캠프를 다년간 진행했다. 나는 발달장애 아동 대상자 담당을 주로 맡다가, 어느 해에는 발달장애 형제들이 있는 그룹의 주 치료사가 되었다. 우리 그룹의 몇몇 대상자에게는 공통적인 특징이 있었다. 큰 강당에서 조별로 활동을 할 때 자기 조에 집중하기보다는 저편에 있는 자신의 발달장애 형제를 슬쩍슬쩍 살핀다거나 하는 모습이 잦았다. 그리고 엄마와 한 번씩 마주치면 무언가를 지시하는 엄마의 눈치를 보며 조용히 그것을 행하는 모습이 많이 보였다. 언제든 자신의 발달장애 형제를 챙겨야 한다는 책임감이 늘 장착된 것이다. 똑같은 어린이임에도 어린이답지 않은 모습들이 자주 비쳤다. 장난기라든지 자유로운 느낌은 별로 보이지 않았고, 벌써 어른이 되어 버린 어른아이처럼 성숙한 모습을 보이곤 했다. 이 모습을 포착한 후, 나는 아이들에게 눈치 보지 않고 신나게 놀며 소리칠 수 있게 했다. 그리고 지금 이 순간 자신이 원하는 것을 찾아서 표현하는 데에 집중하는 시간을 가졌다. 그렇게 캠프 활동이 진행되면서 아이들은 정말 어린이답게 웃고 어린이답게 활동하는 모습을 보이기 시작했다.

(3) 우울 증상 청소년

중학교 우울 증상이 도드라진 학생들 4~5명이 모인 집단상담이었다. 한 친구는 쉬는 시간이 되면 미리 상담실로 와서 구석 어딘가에서 후드티 모자를 뒤집어쓰고 엎드려 있곤 했다. 어떤 날은 상담이 시작했는데도 오지 않아서 반으로 그 친구를 찾아가려고 하자, 갑자기 그 친구가 구석에서 엎드려 자고 있다가 부스스 일어난 적도 있다. 언제부터 와 있었는지도 모르게 이미 와서 구석에서 보이지 않을 정도로 엎드려 자고 있었던 것이다. 모두가 모일 때도 모자는 벗지 않고 손을 주머니에 넣고 몸이 말리듯이 위축된 채로 앉아 있었다. 후드티가 깊게 내려와 얼굴도 거의 보이지 않고, 팬데믹 시기가 끝난 시절이었는데도 항상 마스크를 쓰고 있었으며, 목소리도 잘 들리지 않았다. 또 한 명의 친구는 위생 관리가 잘되지 않아 머리를 감지 않은 채로 늘 왔고, 얼굴은 경직되어 있고 눈은 불안한 눈빛으로 눈치를 살피는 것이 심했다.

'보이지 않는 아이' 이야기를 활용해 이야기를 새롭게 다시 만들어 내고, 보이지 않는 아이와 회복된 아이를 가면으로 만들어 가면극을 변형하는 작업이 이루어졌다. 가면극을 통해 자기 우울의 원인을 찾고 해소함으로써 자신의 진정한 욕구를 알아차리고 실현하는 과정을 가졌다. 그러면서 참여자들은 점차 모자를 벗고, 주머니에서 손을 빼게 되고, 어깨가 펴지며, 위생관리가 시작되고, 얼굴에 미소가 생기기 시작했다.

(4) 조현병이 있는 성인

이 사례는 내가 2012년 석사논문으로 연구한 참여자 중 한 명이다. 조현병 환자들은 그날의 컨디션이 너무나 확연하게 외모와 신체에 표가 났다. 그중 남성 한 명은 컨디션이 좋은 날은 말끔한 옷차림에 머리 스타일, 손톱 관리가 잘되어 있었다. 컨디션이 안 좋은 날은 언제부터 위생 관리가 안 되었는지도 모를 만큼 확연히 나빠진 상태로 나타나곤 했다. 손 떨림과 초점이 없는 눈빛으로, 어떤 것이 진행되고 있는지 전혀 모를 정도로 넋이 나가 있는 듯한 느낌도 있었다. 해당 집단은 2년이 넘는 시간을 통해 장기회기로 이루어졌다. 기본 활동으로 그림과 만들기 등의 감각 작업과 투사 활동을 주기적으로 했으며, 주 활동으로는 6조각 이야기, 이야기 활용(엄지공주, 오누이 장수 설화, 삼국지)을 통한 다양한 극 활동을 통해 자기표현과 타인과의 소통 및 협업 경험을 했다. 이를 통해 목소리가 단단해지기 시작했고, 자세에 힘이 생겨 표정에도 생기가 일어나기 시작했으며, 일상 관리가 이루어지며 노력하는 모습들이 확연해졌다.

(5) 대인 외상이 있는 성인

이 사례는 내가 2022년 박사논문으로 연구한 참여자 중 한 명이다. 비슷한 사유로 타인에 의해 반복적인 트라우마에 노출된 참여자로, 그로 인해 일상에 어려움을 겪고 있는 성인 집단상담이었다. 이 중에서 한 여성은 들리지 않을 정도의 목소리로 말하고, 고개를 푹 숙인 채 얼굴을 거의 들지 않았으며, 항상 경직된 자세로 있었다. 대인 외상 집단 연극심리상담에서는 인생길 위 트라우마 사건과 자원 인식을 통한 조각상 변형 작업, 트라우마 애도의식, 트라우마 직면 작업, 자원 인식 및 활용과 강화, 나의 상처와 자원을 통합한 이야기를 만들어 내고 연극 발표하기, 변형 움직임을 통해 트라우마 앞에서 나의 힘 강화하기, 미래의 갈등 앞에서 나의 힘 활용하기 등이 진행되었다. 이 과정을 통해 참여자는 조금씩 바로 설 수 있게 되었고, 변형 움직임에서 동작이 조금씩 확장되더니 회기 중간쯤에는 주짓수와 복싱을 다니기 시작했다. 또한 동작에 힘이 생기고, 목소리가 커지고 단단해졌으며, 고개를 들고 눈을 잘 마주치면서 말할 수 있게 되었다. 그리고 본인이 오랫동안 원했던 꿈을 이루는 준비 단계를 거쳤고, 상담이 종결된 후 꿈을 향한 첫발을 내딛는 행보를 보였다.

(6) 발달장애 성인

나는 발달장애 성인 집단과 함께 공연을 올린 적이 있다. 이 집단은 지적 능력 중증과 경증이 함께 모인 집단이었고, 서로의 발달 기능의 편차가 컸다. 그런데 예상 외로 지적 기능이 낮은 성인들은 활동에 대한 적극성이 몸에 그대로 표현되어 즐기면서 할 수 있었다. 반면, 상대적으로 지적 기능이 높은 성인들은 오히려 무기력과 위축된 언행이 잦고 눈치 보는 듯한 자세가 주를 이루었다. 나는 이들과 감각을 깨우고 서로 소통하며 활동할 수 있는 게임들을 자주 했고, 본 활동으로서 이야기 활용(알사탕, 브레멘음악대)을 통한 협업을 경험하면서 배 회기 연극을 발표했다. 이후 자신의 강점을 찾아내고 강화하는 움직임과 가면 작업이 이어졌다. 결과물로 그간의 모든 과정을 통합하고 연결하여 '꿈은 이루어진다'라는 제목으로 각자의 꿈과 소망이 깃들어진 공연을 만들어 내고, 극장을 대여해서 공연을 정식으로 올리는 경험까지 가능했다. 참여자들은 공연까지 가는 모든 과정을 통해 개인의 숨겨진 가능성을 하나둘씩 표출했고, 행복감과 만족감을 경험하는 시간을 가졌다.

단답형의 말만 하던 참여자는 목소리를 키워 밝은 톤으로 의사 표현을 구체적으로 했다. 무기력으로 늘어져 있던 행동을 하던 참여자는 적극적으로 일어나 자신이 맡은 역할을 해내고 타인을 도와주는 모습까지 보였으며, 몇 마디 하지 못하고 소극적이었던 참여자는 자기가 맡은 역할의 대사를 스스로 만들어 내고 메인 역할까지 맡아 가며 공연을 훌륭하게 해냈다. 또한 경직되고 강압적인 태도를 가진 참여자는 협력하고 배려하면서도 스스로 즐길 수 있게 되었고, 침묵으로 거부를 표현하고 얼어 있는 듯한 자세의 참여자는 손짓, 몸짓, 표정을 사용하며 정확한 의사 표현으로 의견을 낼 수 있게 되었다. 뿐만 아니라 큰 덩치로 움직임이 어렵고 위생 관리가 잘 안되었던 참여자는 움직임에 적극성을 보이더니 위생 관리를 멋지게 해내는 모습으로 변화했다. 마지막으로 소통이 어렵고 위축되어 있던 참여자는 상황을 파악하고 전보다는 자유로운 몸짓으로 자신의 역할을 즐기면서 해내는 모습으로 성장했다.

(7) 갱년기 우울 중년 여성

갱년기를 맞이한 사람 중에서 우울 증상이 있는 중년 여성들은 그간 살아왔던 삶에 대한 안쓰러움과 서러움, 현재의 외로움, 앞으로 살아 나갈 삶에 대한 두려움이 있는 상태일 수 있다. 본 활동에서 참여자들은 툭하면 눈물을 흘렸고, 눈물을 흘리기 전에는 떨리는 듯한 몸짓과 흔들리는 눈빛을 보였으며, 눈 맞춤이 어려웠다. 이야기 활용(바리데기)을 통해 버림받은 적이 있었음에도 가족을 위해 희생, 고단함, 사랑과 책임감에 대한 장면을 가면, 조각상, 연극 등을 만들어 보면서 자신의 인생을 재조명했다. 과거의 자신과 현재의 자신 그리고 미래의 자신에게 편지를 쓰고, 그 편지를 낭독하는 시간을 가지며 과거를 재조명하고 현재와 미래를 통합했다. 그것은 가족만을 위한 삶이 아니라 자신을 위해 새롭게 재탄생하는 자신을 기념하는 것이었다. 타인에게만 향한 에너지를 자기로 돌리며, 자신을 회복시키고 자신에게 숨을 불어넣어 주는 시간을 가졌다. 사랑과 돌봄을 타인에게만 받으려 하지 않고, 자기가 자기를 사랑하는 마음을 회복했다. 결국 참여자들은 함께 울고 웃으며 신체 표현과 표정이 자연스러워졌다. 과잉된 억울함, 서러움, 외로움, 헛헛함에 휩싸여 극도의 무감각한 몸이었던 것에서 벗어나 자유로움과 가벼운 몸짓으로 바뀌었다.

(8) 안정을 원하는 시니어

노인은 자신이 살아온 시간 속에서 인생의 유의미한 시간과 지지받을 만한 지점을 찾고 확인하며 자신의 존재감을 정리하는 시간을 가져야 한다. 이 시기에는 자신의 인생이 얼마나 의미 있었는지를 재해석하는 것이 중요한데, 그러기 위해서는 인생에 대한 자발적 정리와 주변인의 지지가 필요하다. 언제가 될지 모르는, 무심코 일어날 죽음의 시간을 안정적으로 준비할 수 있어야 한다.

그런데 이때 신체적 무능력, 사회에서의 고립감, 가까운 주변 사람들과의 사별과 이별 등으로 허무함, 공허함, 우울감을 동반할 수 있다. 여기에 더해 노후 자금에 대한 경제적 지반이 약하다면 부정적 감정은 더욱 커지게 된다. 이럴수록 앞서 말한 자신의 인생을 돌아보며 점검을 통한 회복을 맞이하고 남은 삶에 대한 마음의 준비가 이루어져야 한다.

노인을 위한 연극치료로, 자신이 원하는 장례식을 꾸며 보고 장례 과정과 3일간의 시간을 보내 보는 것이 가능하다. 장례 첫날에는 내가 원하는 장례식으로 마음껏 꾸며 본 뒤 영혼이 되어 장례식에 찾아온 사람들을 맞이하고, 그들에게 하고 싶은 말을 표현해 본다. 소망하는 장례식으로 야외 정원 장례식, 갤러리 같은 장례식, 파티나 콘서트 같은 장례식, 집에서 치르는 장례식 등 다양한 장소나 다양한 형식이 가능하다. 장례 이튿날에는 영혼이 되어 자신의 과거를 여행한다. 의미 있던 시간에 다녀올 수도 있고, 의미 있는 사람들을 만나서 마음을 전달할 수도 있다. 자신이 살아온 시간 속에서 고마운 사람, 미안한 사람, 고생한 나, 기특하게 잘 해낸 나 등을 만나며 하고 싶은 말과 행동을 전해 줄 수 있다. 장례 마지막 날에는 완전한 죽음의 세계에 입문한다.

발인이 되기 전 무겁고 아픈 몸에서 완전히 벗어나 깨끗하고 가벼운 영혼으로 바뀌는 의식을 한다. 이내 천국 문 앞에 서서 문이 열리면 누군가가 자신을 환영한다. 그 사람과 만나고, 그 사람의 안내에 따라 안식을 취하며, 그 세계를 충분히 누린다. 이후에 남겨진 가족의 모습을 하늘에서 내려다보고, 가족에게 축복과 위로하는 장면이 이루어지는 것으로 마무리할 수 있다. 또는 인생 연극을 해 보는 것도 좋다. 자기 인생에 대한 자서전을 꾸미고, 자기 인생에서 가장 찬란하거나 아름다운 기억으로 남은 장면과 남은 인생에 대해 소망하는 미래 장면을 통합하여 연극으로 만들어 내서 공연하는 형식이다. 또는 옛이야기를 활용하여 지나온 삶을 빗대어 재창작할 수도 있다.

노인 집단 사례 중 이야기 활용(흥부와 놀부)을 통해 가족 간의 비교, 시기, 질투에 대해 해소하고, 용서와 사랑을 확인하여 각자 원하는 행복을 맞이할 수 있었으며, 이것을 연극으로 발표해 냄으로써 자신의 존재감을 확인한 뒤 큰 성취감을 얻었다. 이를 통해 날이 선 듯한 표정과 굳어 있는 몸짓에 생기가 생기고, 느리고 작은 움직임일지라도 생명력 있는 움직임이 가능해졌다. 노인은 이러한 과정을 통해 자신의 인생에 대한 충만함과 감사를 느끼며, 남은 삶에 대한 두려움을 줄이고 하루하루를 활기참과 평안함으로 지낼 수 있다.

많은 참여자가 연극치료를 통해 회복되며 다음과 같이 소감들을 말했다.

참여자의 회복과 성장

- "삶이 재미있어졌어요. 제 삶이 억울하기만 했는데, 사실 저 정말 열심히 살았군요. 제가 정말 대단한 것 같아요." (인생에 대한 재조명을 통해 삶에 대한 가치관의 변화가 일어났다.)
- "알고 보니 제 인생이 우울한 것만은 아니었어요. 저를 사랑하기 위해 제가 참 많은 노력을 했다는 것을 알았어요. 그리고 가족이 그걸 묵묵히 지켜봤다는 것도 이제 알겠어요." (사랑의 회복이 일어나고 있다.)
- "이제는 다른 사람의 상처가 보이네요. 저만 상처가 제일 많은 줄 알았는데 말이죠. 자원봉사를 시작하고 싶어요." (자기연민에서 벗어나 이타적 연민으로의 전환이 이루어지고 있다.)
- "이렇게 빨리 용서하게 될 줄 몰랐어요. 뭔가 매우 가벼워졌어요. 어어, 이거 뭔가 좀 억울한데 시간 끌다가 나중에 용서했다고 말해도 되겠죠? 하하." (용서 문제에서 벗어났음을 인식했다.)

참여자의 가족이나 관계자가 참여자의 회복된 변화나 성장을 보며 다음과 같은 소감들을 말했다.

참여자의 가족 및 관계자가 느낀 참여자의 회복과 성장

- "참여자의 새로운 자기 모습을 발견할 수 있었고, 긍정적으로 밝아졌어요."
- "참여자가 공연을 준비하면서 매우 즐거워하며 참여하는 모습을 보게 되었고, 스스로 뿌듯해하며 긍정적인 효과를 불러일으켰다고 생각해요."
- "우리 딸이 자기표현을 하기 시작했고, 공연을 해내면서 성취감이 엄청나더라구요. 할 수 있다는 자신감이 높아진 모습이 확연해졌어요."

- "자신의 일을 좀 더 즐겁게 열심히 하는 모습들이 생겼어요."
- "발달장애인의 자기표현 능력과 자신감 향상에 큰 영향을 주어서 감사해요."
- "갈등 앞에서 곧바로 폭발적 대응을 하지 않아요. 이제는 시간차를 두면서 자기표현을 하기 시작했어요."
- "자신의 감정을 천천히 표현하기 시작했어요. 그리고 제 감정에도 공감해 주기 시작했어요."
- "잘되라고 또는 내게 잘해 달라는 의미로 공격했는데, 그것이 이 아이에게 큰 상처가 되는지 몰랐어요. 너무 미안해요."
- 남편이 변하려 애쓰는 모습을 보면서, 저도 발맞추어 변하려 노력했는데, 그것에 고맙다고 하더라고요. 그러면서 가족 분위기가 달라지기 시작했어요.

제2장

연극치료에서 만난 가족 이야기

참여자를 만날 때마다 그들이 속한 가정에 대한 이야기를 들을 수 있었다. 각 가정마다의 이야기는 다르고, 각 가족의 존재감은 특별하다는 것을 느낀다. 그 중 몇몇 가족의 이야기를 나누고자 한다. 이 장에서는 가족 간의 내용을 더욱 상세하게 다루며 그 사례를 공유하겠다.

1 토해 내듯 분노하는 가장

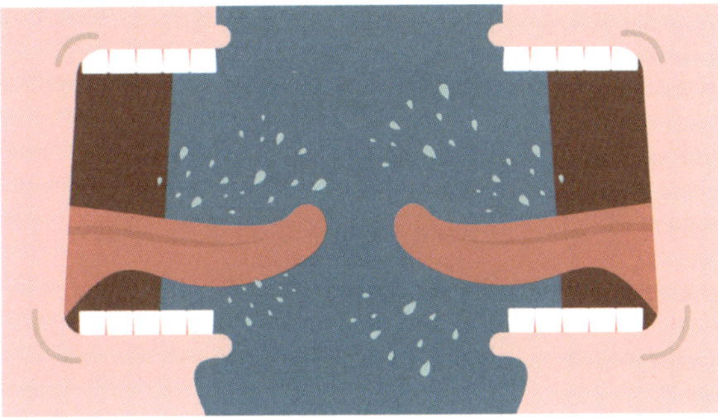

토해 내는 분노

자수성가한 60대 아버지와 주부인 어머니, 그리고 첫째 딸과 둘째 아들이 있다. 이 가정의 딸이 관계성에 대한 연극치료를 진행하는 중이었다. 부모님의 갈등 때마다 자신이 얼마나 두렵고 무서웠는지를 드러냈고, 그러면서도 부모의 화해를 돕기 위해 항상 분위기 메이커 역할을 해냈다는 것을 알아차렸다. 두려움에 떠는 아이였지만 가정이 깨지는 걸 막기 위해 힘써 웃으며 노력했던 상처 입은 아이의 정서를 다루며 회복하는 시간을 가졌다. 다음에 기회가 된다면 자기 부모님과 남동생이 연극치료를 꼭 했으면 하는 소망을 보이기도 했다. 어머니의 힘듦은 익히 알고 있으나, 특히 동생은 부모님의 갈등 때마다 늘 조용히 묵묵하게 지내 와서 동생이 어느 정도까지 힘들어하고 있는지는 크게 가늠하기 어렵다고 했다. 그렇게 딸의 연극치료는 종결되었다.

일 년 정도의 시간이 흐르는 동안 딸은 만나고 있는 사람과 결혼을 준비하고 있었다. 결혼을 한 달여 앞둔 어느 날 아버지와 아들 간 갈등의 골이 터져 버렸다. 그동안 이 가족은 아버지의 권위가 너무 거대했다. 아무도 아버지의 말을 거역할 수 없었다. 사건이 일어나기 몇 달 전부터 아들은 아버지의 회사에서 일하기 시작했다. 아버지는 아들에게 엄하게 일을 가르쳤다. 아들은 최선을 다했으나 평소 갈등 시 아버지와 아들의 대화가 거의 없었기에 일하면서 오는 문제를 풀어갈 만한 방법을 알지 못했다. 그런 스트레스가 차오른 어느 날 아버지는 퇴근 후 집에서 술을 마시고 있었고, 아들은 아들대로 일을 마치고 집에 늦게 들어왔다. 아버지가 보기엔 일 마무리를 제대로 하지 않은 채 늦게 들어온 아들이 탐탁치 않았다. 아버지의 꾸지람이 시작되면서 언성이 높아졌다. 이때 아들은 전처럼 묵묵하게 있지 않고 처음으로 아버지에게 크게 대들었다. 다툼은 커졌고 몸싸움으로 서로 대치하던 중 경찰이 등장했다. 아들은 그대로 집을 나갔다. 딸의 결혼을 앞뒀기에 가족의 분위기는 더더욱 냉랭했다.

불만을 끝까지 억누르다가 폭발적으로 터트린 후 냉랭해진 상태에서 조용히 상황을 넘기는 패턴이 유지되었다. 특히 부부간에 자주 있었던 일이었다. 그런데 이번 일로 어머니가 이혼을 선언했다. 부부 갈등 시 일어났던 폭력적인 언행을 지금껏 참고 넘겨 왔는데, 아들에게까지 이러한 상황이 일어나자 이제는 절대

참을 수 없다고 결심한 것이다. 이러한 위기 가운데 딸이 가족연극치료를 요청했다.

이 가정의 갈등 대응 패턴은 참다가 폭발한 뒤 무슨 일이 있었냐는 듯이 넘기는 것이었다. 아버지는 감정 폭발 후 일에 열중하며 지냈고, 어머니는 집안일에 몰두했다. 딸은 집안 분위기를 밝게 전환하기 위해 분위기 메이커 역할을 해냈고, 아들은 조용히 참으며 넘긴 뒤 가족 여행을 다녀오며 순간적으로 기분전환하는 식을 반복했다. 갈등이 일어난 후 서로의 감정을 살피거나 하는 등의 일련의 과정은 없었다. 아버지는 사회적 역할에 집중해 성공을 이루며 어려운 친정과 원가족에게까지 경제적인 도움을 줄 수 있는 물질적 여유가 있었으나 정작 자신의 스트레스를 제대로 풀지 못한 채 살았다. 그리고 어머니는 남편이 저지른 모든 일을 바쁘게 뒷수습하며 우울감에 시달렸고, 딸은 관계성에 어려움을 겪었으며, 아들은 한 번씩 몰아치는 부정적인 감정을 어찌할지 몰라 괴로워했다.

주된 갈등 대응 패턴에는 여러 가지가 있다. 예를 들어, 과거의 사건과 결부시키기, 더욱 파고들며 사건 키우기, 침묵하거나 단절하기, 무슨 일이 있었냐는 듯이 굴기, 괜찮은 척하며 다른 주제로 넘어가기 등이 있다.

갈등이 생겼을 때 우리는 잠시 멈춰야 한다. 내가 숨을 어떻게 쉬고 있는지, 내 감정이 어떤지 살펴야 한다. 그래야 무엇이 필요한지 느낄 수 있다. 위로가 필요한지, 응원이 필요한지, 휴식이 필요한지, 혹은 목이 마른지 등을 먼저 확인해야 한다. 그러기 위해서는 잠시 멈추고 자기 몸과 마음을 살피고 돌아보는 것이 중요하다.

이 사례에서 아버지에게는 지지자가, 어머니에게는 위로자가, 딸에게는 보호자가, 아들에게는 공감자가 필요했을 것이다. 그러나 동시에 가족 모두가 위기에 처했기 때문에 각자 필요한 지원을 서로 제공하기가 어려웠다. 이런 상황에서 다행히도 딸이 연극치료를 요청함으로써 큰 위기에서 벗어날 수 있었다. 도움을 요청하는 것은 심리적으로 건강한 행동이라고 볼 수 있다. 아버지는 피규어를 활용한 '역할극', 어머니와 딸은 '이야기 활용', 아들은 '역할점검표'를 통해 각자의 역할을 수행하며 가족 회복의 첫걸음을 내딛게 되었다.

2 감정이 억압된 딸

감정 억압

30대 여성인 세영은 오랫동안 아버지에 대한 원망과 분노가 컸다. 어린 시절부터 자주 들렸던 집안에서의 아버지의 화난 큰 소리. 그 소리로 순식간에 가족을 공포로 몰아넣어 버린 아버지에 대한 원망이 점점 자라났다. 어머니는 그때마다 무뚝뚝했다. 세영은 대응법으로 엄마의 무뚝뚝함을 선택했다. 가정 안에서나 사회생활, 특히 친구관계 및 연인관계에서의 갈등 상황 시 별 동요 없이 지나곤 했고, 내면에서는 해소되지 못한 감정의 골이 커지고 있었다. 성인이 된 후 회사에서 상사의 큰소리에 깜짝깜짝 놀라거나 얼어버리는 일들이 일어났고, 점점 쌓이는 분노를 표현하지 못해 늘 부글부글했으며, 역으로 연인에게 사랑을 갈구하면서 집착하는 일이 잦아졌다. 겉으로는 괜찮은 척 넘기는 것으로 대처했으나 분노의 마음은 갈수록 커지고 있었다. 이 모든 원망은 아버지에게 쏟아졌다. 서른을 넘긴 세영은 집에서 아버지를 향해 큰소리로 화와 짜증을 내기 시작했고, 힘을 잃은 아버지는 아무 대응을 못한 채 있다. 세영은 밖에서는 침묵하고 집에서는 소리 지르며 괴리감으로 힘들었다. 그런데도 자신이 아버지에게 제대로 분노하지 못해서 삶이 힘든 것 같다며 제대로 분노해 봤으면 하는 마음으로 연극치료를 찾았다.

그러나 연극치료를 하면서 발견된 분노의 원인은 아버지에 대한 것도 있지만, 힘든 상황 때마다 무뚝뚝하게 대응했던 어머니에게도 있는 것으로 나타났다. 이야기 '눈의 여왕'에서 눈의 여왕이라는 역할을 통해 자신의 모습을 직면하게 됐다. 어린 시절 아버지의 폭언이 시작될 때마다 어머니가 어린 세영을 보호해 주지 못한 것에 슬퍼했고, 아버지에게 제대로 대응하지 못하던 어머니의 모습을 자신이 그대로 답습했음을 알아차린 회기에서 크게 울었다. 아버지에 대한 분노를 마음껏 표현해 보면 응어리가 해소될 것으로 기대했으나, 갈등에 제대로 대처하지 못한 어머니의 모습과 자기 모습이 닮아 있음을 발견하면서 알아차림이 시작된 것이다. 어느 날 세영은 용기를 내어 어머니에게 서운함을 표현하는 대화를 시도했고, 그 자리에 아버지도 함께했다고 했다. 세영은 자신의 마음에 켜켜이 쌓인 상처를 드러내고 아픔을 건강하게 표현한 것이다. 이후 친구관계나 직장에서의 갈등이 있을 때마다 그 순간 괜찮은 척 넘긴 후 늘 혼자 오랫동안 괴로워하는 것을 선택한 자신에게 사과하고 자신과 화해하는 시간을 가졌다.

가정 안에서 갈등이 일어난 후 강력한 부정적인 감정의 힘에 압도되는데, 심할 경우엔 절대 회복되고 싶지 않고 파국으로 치달아 버리는 길을 택하게 된다. 그러면서도 내심 회복되기를 원하는 마음과 갈등한다. 이때 물론 화해를 권장한다. 그런데 섣부른 화해는 화를 부르게 된다. 빠른 화해는 서로의 상처받은 감정을 제대로 살피지 못하거나, 서로의 욕구를 덮어 버린 채 거칠게 수습하는 경우가 많다. 우선 개인의 상처 입은 마음을 살피고 무엇을 원하는지를 확인해야 한다. 그러지 않고 상황만을 빨리 수습하기 위한 화해는 매우 위험한 다음을 예고한다. 즉각적인 사과, 꾸준한 사과, 정성과 공들인 사과가 필요하다. 사과가 사과로 받아들여지기까지 시간이 필요하다. 상대의 사과가 이루어진 다음이라고 해도 내 마음이 온전해지기까지엔 시간이 걸린다. 가끔 갈등 후 시간이 흐르면서 자신에게만 문제가 있는 것으로 받아들이기도 한다. 잘못된 것을 반복하지 않으려 노력하며 반성하는 것은 필요하지만 거기에 죄책감이 무겁게 얹어지면 올가미가 되어 스스로를 더 괴롭히는 일이 일어난다. 그래서 이러한 과정을 겪고 있는 자신과의 화해도 필요하다.

3 자기 소리에 귀 기울인 모녀

자기 소리 들어 보기

20대 여성 재희가 연극치료실을 찾았다. 그녀는 말할 때 목소리가 거의 들리지 않았고, 신체는 상당히 위축되어 있었다. 청소년기에 아버지가 갑자기 스스로 세상을 떠났는데, 아버지의 죽음을 목격한 재희는 충격과 슬픔에 잠식되었다. 이후 남겨진 재희와 어머니는 단 한 번도 아버지의 이야기를 하지 않고 살아왔다. 그것을 당연하게 느끼며 살아왔지만 한편으로는 무언가 자신을 억누르는 듯이 삶이 버겁게 느껴진다고 했다. 타인과의 대화도 어렵고, 특히 직장에서는 거의 말을 하지 않고 일을 하고 있으며, 누군가가 출근 때나 퇴근 때 인사해 주면 화답으로 인사해 주는 것이 거의 전부라고 했다. 스스로 본인이 위태해지고 있다고 느꼈고 연극치료를 검색해 치료실에 방문한 것이었다.

재희는 영화 〈겨울왕국〉의 엘사 역할로 스스로를 가두었다가 해방되는 장면을 통해 자기연민을 충분히 경험함으로써 내면의 힘이 강화되는 과정을 겪었다. 이후에는 천국으로 방문해 아버지를 잠시 만나는 시간을 가져 보았다. 재희는 아빠와 재회하는 장면에서 의외로 담담하게 임했고, 소감으로 "제가 생각보다 괜찮네요. 아빠를 만나기 전까지 너무 긴장됐는데, 막상 아빠를 만나니 뭔가 무거운 짐이 내려가요. 제가 먼저 엄마에게 아빠 얘기를 할 수도 있을 것 같아요. 이번 주에 한번 해 볼래요."라고 했다. 재희는 회기를 마치고 집으로 돌아가 실제로 어머니와 아버지에 대해 이야기도 하고 외식까지 했다. 다음 회기에 와서 집안 분위기가 밝아졌음이 느껴진다고 했다. 재희는 또한 아버지를 보내기 전에 본인이 살가운 딸이 아니었음에 대한 죄책감도 있었다. 그리고 아무 말 없이 떠나버린 아버지와 대화할 수 없음에 너무 답답해하고 있었다. 이런 점이 인간관계에도 영향을 미쳤으며, 깊은 관계를 이어나가기가 어려웠음을 알아차렸다. 언제든지 말없이 떠나버릴 것만 같았기 때문이다.

재희는 그동안 크기를 가늠할 수 없을 정도로 커져 버린 두려움과 죄책감이라는 언제 터져도 이상하지 않은 풍선을 안고 살았다. 연극치료를 통해 재희는 아버지라는 실체와 만날 수 있었고, 터질 듯이 커져 버린 풍선에서 바람이 빠지듯이 두려움과 죄책감으로부터 자유로워지는 경험을 했다. 이제는 자신을 존중하고 사랑하는 데 한 걸음을 뗀 것이다. 엄마를 걱정하느라 아빠의 부재를 아는 체하지 않았던 딸, 그리고 그 슬픔을 인정한 순간 자신이 어떻게 되어 버리진 않을까에 대한 두려움을 마주하고 그 불안과 대화하는 법을 터득해 낸 것이다.

우리는 종종 충격적인 사건으로 인해 서운함을 화로, 슬픔을 분주함으로, 불안을 기쁨으로, 긴장을 씩씩함으로 표현하며 살아가곤 한다. 슬픔을 슬프다고, 서운함을 서운하다고, 불안과 두려움을 떨린다고 말하고 표현하는 경험이 부족해서일 수 있다. 너무 급작스럽고 충격적인 일이 발생했을 때는 진짜 감정을 인식하기보다는, 상황을 수습하고 처리하는 데 집중하게 된다.

하지만 며칠이나 몇 주가 지나면 진짜 감정이 자신에게 노크하고 신호를 보낼 것이다. 이때 그 감정을 모른 채 무시하는 것은 자신을 존중하지 않는 격이다. 이는 마치 자신에게 함부로 하겠다고 마음먹는 것과 같다. 자신의 감정을 있는 그대로 읽어 내고 받아들이며 자연스럽게 표현하는 것은 내가 자신을 존중하겠다는 의지를 선언한 중요한 첫걸음이다. 상대에게 무언가를 부탁하거나 상대에게 나의 무언가를 주고 싶다면 먼저 자신과 마주하는 연습이 필요하다. 그렇지 않으면 내가 상대에게 무엇을 원하는지, 상대에게 무엇이 필요한지를 알아차리기 어렵기 때문이다.

4 낯설지만 변화를 맞이한 가족

변화 맞이하기

'토해 내듯 분노하는 가장' 사례의 60대 부부는 결핍된 욕구에 대한 연극치료를 몇 개월간 진행하면서 자연스레 부부관계가 유연하게 변화되었다. 부부관계가 열리면서 아버지와 아들과의 관계는 미세하고 조심스럽게 회복되는 모습을 보였다. 아들은 아버지 회사 일을 정리하고, 원래 하고 싶었던 분야에 대해 고민하며 준비하기 시작했다. 부부는 서로에게 집중하며 노년의 삶을 준비하기로 했다. 남편은 혼자서 요리하며 저녁을 준비하는 연습을 했고, 아내는 새로운 무엇을 배울지 알아보는 시간을 가졌다. 이때 아내는 남편에게 수고했다는 말을 듣고 싶다고 요구했는데, 남편은 아내의 눈을 마주하며 수고했다고 말해 줬다. 그리고 남편은 아내에게 고맙다는 말을 듣고 싶다고 요구하여 아내는 남편의 눈을 마주하며 고맙다고 말해 줬다. 가족들 각자가 심리적으로 독립하는 단계에 접어든 것이다.

'감정이 억압된 딸' 세영은 부모님 집 근처로 집을 얻어 물리적으로 독립했다. 한동안 생각으로만 고민했던 것을 빠르게 결정했다며 연극치료실에 와서 담담하게 얘기했다. 또한 친구관계 및 연인관계를 심리적으로나 물리적으로 천천히 정리하기 시작했다. 정리가 시작되자 타인에 대한 집착적인 사고와 관계에 대한 후회와 미련이 줄어들었다. 자기에게 집중할 수 있었다.

연극치료 과정에서 새롭게 배운 대응 방식을 연습하고, 이를 일상에서 실행해 보는 동안 시행착오를 겪는 것은 자연스러운 일이다. 그동안 해 보지 않았던 새로운 문제해결 방식이라 낯설게 느껴질 수 있지만, 그 낯섦 속에서 많은 것을 배우고 성장할 수 있다. 자신의 감정과 욕구를 인식하는 데 충분한 시간을 투자하고, 타인에게 도움을 요청하며, 자신의 감정을 건강하게 전달하려고 노력하는 과정이 이루어진다. 이러한 경험은 심리적 독립의 시작을 알리는 신호이다.

사랑은 이미 화해의 단계에서부터 조금씩 시작되었을 것이다. 사랑은 상대방의 모든 것을 함께 해야 하거나, 일거수일투족을 감시하며 세세하게 알아야 하는 것이 아니다. 오히려 각자가 건강하게 자신의 삶을 살아갈 수 있도록 지지하고 기다려 주는 것이 진정한 사랑이다. 이는 타인을 향한 사랑뿐만 아니라 자신을 향한 사랑에도 해당된다. 서로의 삶을 존중하고, 각자가 추구하는 것을 기다리며 지지하는 것이 진정한 사랑의 모습일 것이다.

5 내 삶의 진정한 안녕, 용서

변화 맞이하기

어느 날, 황혼이혼을 원하는 70대 노부부가 연극치료실에 들어왔다. 아내는 혼자서 육아를 도맡아 했던 것, 남편이 젊은 시절 외도하고 가정에 소홀했던 것 등의 상처가 하나도 치유되지 않은 채 지금껏 살아왔다. 그러던 어느 날 아내는 더는 이런 남편과 한 공간에서 같이 있고 싶지 않다며 황혼이혼을 선언했다. 아내는 이혼하기 전에 자기가 하고 싶은 말을 한 번이라도 너무 화를 내지 않고 제대로 말해 보고 싶다고 했고, 공식적으로 연극치료사 앞에서 이런 억울함을 토로하고 싶다며 연극치료실에 방문했다.

노부부는 각자의 인생을 돌아보며 재조명해 보는 시간을 가졌다. 그동안의 삶에서 중요한 순간들을 공간에 만들어 내고 그 인생길을 다시 걸어 보고 죽음을 맞이하는 연극치료 작업이었다. 아내에게 가장 큰 상처는 남편의 외도였고, 아내는 남편에게 제대로 된 사과를 받아 본 적이 없었다. 연극치료 과정 중 남편의 진실한 사과가 나오더니 아내와 남편 모두 한없는 눈물을 보였다. 다음 회기에 아내는 고해성사하듯이 그동안 자신이 남편의 외도로 인한 상처 때문이었는지는 모르겠으나 남편을 몇십 년간 얼마나 구박했는지 모른다며 쏟아 내듯 말하기 시작했다. 아내의 상처 입은 마음은 매우 빠른 속도로 회복되기 시작했으며, 회기는 예상한 것보다 단기로 종결되었다.

'토해 내듯 분노하는 가장' 사례 속 가정의 자녀들은 물리적으로 모두 독립했다. 연극치료 종결을 앞둔 시점에서 결혼한 딸의 내외와 집을 나갔던 아들이 부모님의 집에 모두 모여 따뜻한 식사를 하는 시간도 생겼다. 딸의 내외는 여의찮은 상황일 때는 부모님의 부름을 정중하게 거절할 수 있었고 부모도 받아들였다. 아들이 하고 싶어 하는 일에 대해 매우 부정적이었던 아버지의 마음도 응원하고 지지하는 마음으로 바뀌었다. 어머니는 작게나마 자원봉사를 해보고 싶다는 생각이 들기 시작했다고 했다.

'감정이 억압된 딸' 세영은 아버지에게 복수하고 싶은 마음이 가라앉았다. 부모님 집 근처로 집을 얻어 물리적으로 독립했지만, 주말은 부모님 집에 머물러 식사를 함께하는 시간을 가지곤 했다.

자신에게 집중하는 시간에는 자신만을 위한 시간을 충분히 가졌다.

누군가에게 상처받았을 때 복수하고 싶은 마음이 드는 것은 자연스러운 감정이다. 우리는 마음속에서 여러 번 복수의 감정을 느끼지만, 실제로 그 감정을 행동으로 옮기는 경우는 많지 않다. 인간의 마음속에서 생겨났다 사라지는 복수심을 모을 수 있다면 핵폭탄보다 더하지 않을까? 언제든지 도사리는 복수심을 혼자의 힘으로 다스리기엔 어렵다. 내가 나를 이해하려 노력하고 상대가 나를 이해하려는 작은 노력의 움직임만 보여도 우리는 또 용서와 이해의 마음이 조금씩 생기지 않던가. 복수는 상대를 향한 것 같지만 사실 자신에게 해를 끼친다. 복수심을 키우는 대신 그 에너지를 나와 상대를 이해하려는 용기와 사랑으로 전환하고 발휘하는 것이 더 건강한 선택이 될 수 있다.

제2부

만나기

서툰 역할 집합소 가족, 왜 연극치료인가

서툰 역할 집합소 가족, 왜 연극치료인가

제2부 '만나기'는 서툰 역할의 집합소인 가족의 회복을 돕기 위한 실제 활용의 장으로서, 가족치료, 연극치료, 가족연극치료에 대한 이론, 기법, 사례를 만나볼 수 있다. 가족연극치료의 실질적인 방법론인 '역할' '역할 · 감정 · 욕구 관계도(REN)' '가족 이야기, 다섯 캡슐' '5단계 가족연극치료'를 소개함으로써 가족연극치료의 가능성과 유용성을 알리는 것에 목적을 둔다.

제3장 '가족치료, 연극치료와 역할'에서는 가족치료의 역사, 연극치료의 방법론에 대해 간략하게 살피고, 연극치료가 가진 다양한 모델이 가족치료로 적극 활용될 수 있음에 대해 설명한다. 특히 다양한 역할을 수행해야 하는 가족의 고충을 다루고, '역할 · 감정 · 욕구 관계도(REN)'는 진단도구나 모델로 활용할 수 있음을 제시한다.

제4장 '가족 이야기, 다섯 캡슐'에서는 '가족 이야기, 다섯 캡슐 모델'을 추억, 상처, 도전, 지지부진, 치유라는 다섯 가지의 캡슐로 설명한다. 각 캡슐에 흐르는 대표 정서를 이야기 활용으로 연결하여 프로그램을 소개하고 저자의 이야기를 함께 안내함으로써 이해를 돕는다.

제5장 '5단계 가족연극치료'에서는 5단계 가족연극치료 모델을 설명하고 이것이 어떤 흐름의 구조를 가졌는지 상세히 기술한다. '점검-만남-회복-변형-통합'이라는 5단계로, '가족 패턴 알아차리기-나와 친해지고 화해하기-부탁과 드림-독립된 존재-서툶의 미학, 유연성 키우기'의 과정을 가진다.

제3장

가족치료, 연극치료와 역할

1 가족치료

가족치료는 20세기 정신의학, 심리학과 함께 발전했다. 가족이 인간에게 가장 중요한 의미를 지니고, 가족 없이는 사회도 세상도 이루어질 수 없다. 인간이라는 존재는 생물학적 부모가 있어야만 태어나고, 부모 역할을 할 수 있는 가족이라는 물리적 양육자가 있어야만 성장할 수 있기에, 인간은 가족이 있기에 존재할 수 있는 것이다.

초기 가족치료는 1940년대에 시작됐다. 이때 개인이 가진 심리적 문제가 가족 내의 관계에서 일어나는 결과로 보면서 가족의 상호작용을 분석하고 해결점을 찾아내는 시도가 이루어졌다. 이후 1950년대와 1960년대에 본격적으로 가족치료가 태동하는 시기를 맞이하고, 1970년에서 1980년 사이에 가족치료는 독립된 치료 분야로 확립하게 된다. 1990년대 이후부터 더욱 다양하고 통합적 방향으로 발전하기 시작해 오늘날에 이른다.

가족치료 태동 시기에 중요한 역할을 한 인물로 그레고리 베이트슨(Gregory Bateson), 머레이 보웬(Murray Bowen), 버지니아 사티어(Virginia Satir)가 있다. 베이트슨(1904~1980)은 조현병 환자의 치료와 연구를 하던 중 가족의 의사소통 패턴을 연구했다. 그러면서 가족 내에서 이루어지는 의사소통 상호 연관성과 의존성을 파악하여 가족치료의 기초를 마련했다. 보웬(1913~1990)은 가족치료의 선구자로 불리며, 체계치료라는 이론을 개발하고 토대를 제공했다. 가족은 하나의 정서적 공동체로, 한 사람의 행동이 다른 구성원에게 미치는 상호작용을 강조했다. 사티어(1916~1988)는 가족치료의 어머니로 불린다. 가족 간 의사소통의 중요성을 연구하여 다섯 가지 의사소통 유형 기법을 개발하고 실천할 수 있도록 기여했다.

이 의사소통 유형은 회유형, 비난형, 초이성형, 혼란형, 일치형으로 분류되어 있고, 바로 이 유형에서 실질적인 가족치료 방법으로 역할연기를 활용했다. 사티어의 가족치료 기법은 연극치료와 매우 맞닿아 있다. 이후 가족치료가 확립된 시기에 중요 인물과 기법으로는 살바도르 미누친(Salvador Minuchin, 1921~2017)의 구조적 가족치료, 제이 헤일리(Jay Haley, 1923~2007)의 전략적 가족치료, 마이클 화이트(Michael White, 1948~2008)와 데이비드 엡스턴(David Epston, 1944~)의 이야기 가족치료가 있다. 1990년 이후의 현대로 넘어와서 가족치료는 인지행동치료, 정서중심치료, 해결중심치료 등 다양한 접근 방법이 생기고 융합되어 오늘날에 이르렀다.

가족

2 연극치료

연극치료는 연극이 가진 다양한 치료적 속성을 활용하여 참여자에게 회복과 새로운 성찰을 가져다줌으로써 인간의 안녕과 평안한 삶을 영위할 수 있도록 한다. 연극치료에서 활용되는 방법론으로는 명상, 호흡, 미술, 조명, 음악, 영상, 글쓰기, 말하기, 피규어, 인형, 공간, 움직임, 역할, 이야기, 조각상, 즉흥극, 연극, 공연, 치유연극, 자전공연 등 매우 다양하다. 연극치료의 주요 모델로는, 물리 라하드(Mooli Lahad)의 6PSM과 BASIC Ph, 필 존스(Phil Jones)의 역할론, 데이비드 리드 존슨(David Read Johnson)의 즉흥역할연기(DRPT)와 발달변형(DVT), 로버트 랜디(Robert Landy)의 역할프로파일, 역할점검표, TAS기법, 르네 에무나(Renee Emunah)의 통합모델, 수 제닝스(Sue Jennings)의 신경극적놀이(NDP), 체현투사역할(EPR), 수잔나 펜자닉(Susana Pendzik)의 6-열쇠모델, 박미리의 감정모델 등이 있다. 이런 여러 가지 접근법은 가족치료에 다양하게 대입할 수 있다.

모든 심리치료와 예술치료 등 상담영역을 들여다보면 가족치료는 핵이라고 할 수 있다. 가족치료가 심리치료의 꽃으로 불리고 있듯이 인간사에서 매우 중요한 분야이다. 한 사람의 변화와 치료를 위해서는 가족 구성원 간의 변화가 함께 이루어져야 하

연극치료의 여러 모델, 기법, 사례를 알 수 있는 연극치료 저서

는데, 가족 구성원이 모두 모여 가족치료가 이루어지는 것은 참으로 어려운 일이다. 하지만 가족치료를 목적으로 한 사람만이라도 상담이 이루어진다면 그 가정은 회복될 수 있다.

물론 모든 사람이 처음부터 가족치료를 해야겠다고 생각하지는 않으며, 그에 앞서 가족이 회복되기 위하여 여러 방법을 고민하고 사용하고 있을 것이다. 그러나 자체의 힘으로 시도해 보아도 지혜를 찾기 어려운 상황이라면 전문가를 찾아 적극적으로 도움을 구하기 바란다. 연극치료, 예술치료, 심리상담, 심리교육, 종교기관 등에서 그 지혜를 구할 수 있으며, 모두가 문을 활짝 열고 당신을 기다리고 있다. 우리는 집을 사거나, 차를 사거나, 가전제품을 살 때 자신에게 맞는 것을 찾기 위해 많은 노력을 기울인다. 질병에 걸렸을 때도 치료에 집중하려고 한다. 그런데 왜 심리적 어려움에 빠져 일상이 혼돈에 빠지고 관계가 흔들리고 있는데도 심리치료에 시간과 물질을 투자하는 것을 주저할까? 정신건강을 위해서는 시간과 물질의 투자와 더불어 자신에게 맞는 전문가를 찾아야 한다. 자신의 정신건강을 위해 심리치료에 적극적으로 참여하면서 책 읽기, 운동, 여행, 예술 활동 등 다른 무엇이 필요한지 찾아보기를 바란다. 자신과 가정을 위기에서 구원할 방법은 분명히 존재할 것이다.

요즘 부모들은 자녀의 심리 정서에 큰 관심을 가지고 있다. 자녀를 위해 그에 관한 책을 읽거나, 영상을 시청하거나, 교육 세미나에 참석하거나, 자녀 상담을 진행하는 것에 주저하지 않는다. 그런데 정작 부모들은 자신의 심리 정서 회복에는 소홀하며 인색하다. 부모에게 자신의 개인 상담이 이루어진다면, 부모 개인의 회복과 자녀와의 회복까지 가져다주기에 매우 긍정적 영향을 줄 수 있다. 오해하지 말아야 하는 것은 상담은 '부모에게 문제가 무조건 있다'라는 전제하에 이루어지지 않는다는 점이다. 부모 스스로가 주기적으로 놓치고 있는 부분이나 해결되지 않는 문제를 재점검하고 인식하기 위한 것이다. 자녀에게 문제가 생겼을 때 부모의 개인상담이 이루어진다면 일거양득의 효과를 누릴 수 있다.

부부상담의 경우, 문제가 있다고 생각한 배우자만 상담을 받아야 한다고 생각할 수 있다. 그러나 부부의 문제는 누가 더 잘못

했느냐의 문제가 아니라 두 사람 사이에서 생긴 문제이기에 함께 상담받기를 권장한다. 부부상담 또는 개인상담을 동시에 진행하는 것이 가장 효과적이다. 왜냐하면 두 사람 사이에 반복되는 패턴이 있을 수 있으며, 한쪽 배우자만 변화한다고 해서 오래된 갈등이 쉽게 해결되지는 않는다. 함께 또 따로 상담을 받게 되면 서로를 이해하고 건강하게 사과하면서 소통하는 방법을 배울 수 있어 회복의 질이 높아진다.

상담에 대한 대중 인식이 좋아졌다고 하지만 사실 부정적 인식은 여전하다. 상담을 시작할 때 "당신이 상담받아야 해."라는 식의 비난이 아닌, 서로의 삶과 가정의 회복을 위해 상담이 필요하다. 상담은 벌이 아니며, 상담은 터널 속 한 줄기 빛으로 작동한다. 그 빛을 따라 우리가 나아가야 할 출구의 방향성을 찾고 회복할 수 있도록 돕는다. "우리의 힘으로만 해결하기 어려웠으니 전문가의 도움을 받아 보자."라는 인식이 대중화될 때이다.

3 연극치료와 역할

1) 가족과 역할

가족연극치료는 가정이라는 무대 위에서 가족 구성원들이 각자의 역할을 어떻게 수행하고 있는지를 살피고 회복하는 과정이다. 이 과정에서 상황에 맞는 대처를 하고 있는지, 서로 어떤 대사를 주고받고 있는지, 각자 독백만 하고 있는 건 아닌지, 역할이 바뀌어 있는 것은 아닌지 등을 파악할 수 있다. 가정은 '서툰 역할 집합소'라고 할 수 있는데, 그에 대한 도움이 필요하다. 연극치료에서는 참여자가 자신의 이야기에 대해 때로는 연출가가 되고, 관객이 되었다가, 스태프를 맡기도 하고, 서로의 역할을 바꾸어 보거나, 자신의 역할을 다른 역할로 바꾸어 연습해 봄으로써 나에게 필요한 역할을 찾아가는 과정을 경험한다. 이는 역할을 과잉으로 해 봤다가 과소로 접근하기도 하면서 건강한 역할을 찾고, 상대와의 건강한 미적 거리를 찾아가는 과정이다. 이처럼 가족연극치료를 통해 이 과정을 그대로 겪어 냄으로써 가족 간의 역할의 균형을 찾고, 나의 유연한 역할을 알아차리며, 가정 안에서 그 역할로 건강한 유영이 가능하도록 돕는 것이다.

우리는 인생을 살아가면서 얼마나 다양한 역할을 맡고 살아갈

까? 사실 세어 보지 않았을 뿐, 우리는 자신도 모르는 여러 역할을 수행하며 살아가고 있다. 자녀로서의 아들 또는 딸, 부모로서의 아빠 또는 엄마, 부부로서의 남편 또는 아내, 그리고 학교나 직장 등 사회에서 맡는 수많은 역할이 있다. 이러한 역할은 사회적으로 주어지기도 하고, 자신의 욕구를 드러내거나 감추기 위해 선택되기도 한다. 역할을 수행하기 위해서는 이전에 선행된 역할들을 모방하는 과정이 필요한데, 그 모방은 주로 가정에서 이루어지기 마련이다. 만약 가정에서 모방할 것이 부족하거나 미숙하다면 우리는 사회에서도 그 역할을 제대로 수행하지 못한 채 부재한 역할로 살아가게 된다. 인간에게 역할이란 그만큼 중요하게 작동한다.

다양한 역할

'연극치료는 곧 역할'이며, 역할이 연극치료의 핵심이자 전체를 구성한다. 역할은 투사작업의 일환으로, 연극치료의 기법은 모두 투사작업이라고 해도 과언이 아니다. 연극치료는 정적인 투사작업과 동적인 투사작업으로 이루어진다(김미희, 2022). 연극치료는 참여자의 문제를 투사 활동을 통해 전면으로 끌어올려 안전함 속에서 자신의 문제를 마주할 수 있도록 돕는다. 연극이 종합예술인 만큼 연극치료에서도 투사작업은 다양한 방식으로 이루어지는데, 크게는 정적인 것과 동적인 것으로 구분할 수 있다. 정적인 투사작업은 그림 그리기, 만들기, 글쓰기, 이야기 만들기 등이고, 동적인 투사작업은 신체활동이 들어가는 조각상, 움직임, 역할 입기, 즉흥극, 공연 등이 해당한다. 이 모든 것은 참여자의 지금 현재의 감정과 욕구가 외부로 가시화되도록 돕는다. 얼핏 역할을 동적인 투사작업에 해당한다고 볼 수 있으나, 실제적으로는 정적인 투사와 동적인 투사작업 모두에 포함된다고 할 수 있다.

연극치료에서 역할 개념은 심리극의 창시자이자 연극치료의 첫 모델이 되는 제이콥 모레노(Jacob Moreno, 1946)의 역할 요소에서부터 출발했다. 모레노는 역할을 개인의 문화적 특징을 결정짓는 가장 중요한 요소라고 정의하며, 인간 정체성을 세 가지 범주로 나누었다(Moreno, 1960). 신체적 역할, 사회적 역할, 심리극적 역할이 그것이다. 신체적 역할은 인간의 기본적인 신체적 욕구와 관련 있으며, 먹고 자고 배설하는 등의 원초적인 역할을 포함한다. 사회적 역할은 우리가 사회에서 태어나 살아가면서 형성되는 역할이다. 이는 성별, 가족 구성, 직업 등과 관련되며 사회나 문화권 속에서의 역할이다. 마지막으로 심리극적인 역할은 영적인 영역에 속하며, 심리적이고 정서적인 측면과 연결된다. 이

심리극적 역할은 연극치료에서 특히 중점적으로 다루어지고 있는 영역이다. 모레노는 역할 개념을 통해 행위가 신체 및 언어와 어떻게 연결되는지를 강조했다. 그는 인간의 모든 것이 신체 및 행위와 관련이 있으며, 이러한 요소들이 인식뿐만 아니라 신체와 행위의 중요성을 부각시킨다고 했다. 즉, 인간의 행위는 욕구와 연결되어 있으며, 역할은 행동을 통해 드러난다. 결론적으로 역할은 우리의 욕구를 반영하는 중요한 요소라고 할 수 있다.

인간은 태어나면서부터 역할 모방이 필요하며, 이 과정은 가정에서부터 시작된다. 역할은 행동을 통해 나타나고, 이러한 행동을 모방하는 첫 번째 장소가 바로 가정이다. 한 사람이 자라난 환경, 즉 그가 성장한 가정에서 어떤 행동을 하는 가족들과 함께 살아가는지는 그의 인성과 심리극적 역할에 큰 영향을 미친다. 내가 말하는 가정은 한 사람이 태어나고 자란 곳을 의미하는데, 태어난 곳보다 자란 곳에 더 가깝다.

따라서 가정은 여러 역할을 연습하고 다듬으며 사회로 나아갈 준비를 할 수 있는 중요한 무대가 되어야 한다. 가정에서는 신체적 역할을 경험하고, 사회적 역할을 연습하며, 심리극적 역할을 준비할 수 있는 안전한 공간이 필요하다. 하지만 우리는 아내, 남편, 아빠, 엄마, 딸, 아들 등의 역할을 처음 경험하는 경우가 많다. 그래서 가정 안에서는 서로 서툴고 실수하는 일이 잦을 수 있다. 이때 중요한 것은 서로의 실수를 얼마나 허용하고 이해할 수 있는가이다. 실수가 발생하는 것이 문제라기보다는 실수가 일어났을 때 어떻게 대응하고, 무엇을 어떻게 표현하며, 그 상황을 어떻게 받아들이고 극복할지를 고민하는 것이 중요하다. 내가 말하는 역할 연습은 역할을 완벽하게 수행하는 것이 아니라 그 역할을 수행하는 대상과 시간을 어떻게 보낼 것인가에 대한 연습이다. 연극치료는 이러한 모든 과정을 유연하게 시행할 수 있는 최적의 방법을 제공한다.

역할은 대표적인 감정들을 가지고 있다. 여기에서의 역할은 심리적 역할을 뜻하며, 이때 역할과 감정은 불가분의 관계에 있다. 감정과 연결된 역할에는 우울한 자, 화내는 자, 꿈이 있는 자, 거절하는 자, 도전하는 자 등이 있다. 이것을 우리의 현실과 연결된 역할로 찾아보면 우울한 엄마, 화내는 아빠, 꿈꾸는 친구, 거절하는 선생님, 도전하는 친구 등으로 구체화할 수 있다. 이를 이야기 속 역할로 찾아본다면 침울한 콩쥐, 화내는 놀부, 꿈을 꾸는 잭, 거절하는 춘향이, 도전하는 홍길동 등이 있다. 이야기는 계속 다른 상황들로 이어지므로 역할의 감정 또한 계속 변화된다. 역할은 이미 감정, 언어, 몸짓을 가지고 있기에 역할을 경험함으로써 감정의 구별을 선명하게 할 수 있게 된다(김미희, 2019). 역할을 통해 지금 현재 느끼고 있는 감정이 왜 생겨났는지, 그 너머에는 어떤 욕구가 있는지, 그래서 그것을 어떻게 하고 싶은지, 해볼 수 있는지 등에 대한 연습과 실행이 가능하다.

2) 역할 · 감정 · 욕구 관계도

가족 연극치료에서 심리적 · 정서적 역할을 찾아내고 그를 통해 감정과 욕구를 인식할 수 있도록 '역할 · 감정 · 욕구 관계도(Role · Emotion · Need: REN)'(김미희, 2022)를 사례 전후에 사용했다. 참여자는 다음 표의 안내에 따라 진행자의 설명을 듣고 점검하며, 본인의 변화에 대한 사전과 사후를 비교할 수 있다. 이는 연극치료 진단도구이자 역할을 활용하여 연극치료로 곧바로 활용할 수 있다.

나는 2019년 사례 연구를 통해 이야기 속 역할을 통한 감정 인식이 욕구 인식을 이끌어 내는 것을 밝혔다. 이 사례는 지적장애 집단 성인에게 이야기 속에 등장하는 역할을 몸, 즉 행위로 체험하고 연습하도록 함으로써 그들이 자신의 역할에 내재한 감정과 욕구를 인식해 내고 그것을 다양하게 실현할 수 있도록 했다. 이야기 속에 있는 역할은 안전한 거리를 주기에 보다 편하면서도 재미있게 접근할 수 있는 장점이 있다. 또한 억압된 감정 및 부정적인 정서의 발산과 해소를 도울 수 있으며, 자신에게 어떤 욕구가 있는지를 찾아낼 수 있도록 촉진한다. 이처럼 역할은 감정과 욕구 인식에 도움을 줄 수 있다. 역할 · 감정 · 욕구의 인식은 역할을 인지하고 정서를 표현하는 가운데 욕구를 알아차리게 함으로써 정서 조절을 가능하게 한다. 이와 동시에 트라우마/외상 회복의 지표가 될 수 있다는 것을 기반으로, 2022년 또 다른 연구에서 대인 외상 경험자의 정서 조절을 회복하는 과정 자체로서 진행되었다. 사전 · 사후 검사 도구로 활용할 뿐만 아니라 역할 · 감정 · 욕구의 재인식을 도운 것이다. 역할 · 감정 · 욕구의 관점은 각각 로버트 랜디(Robert Landy, 1993)의 역할이론, 박미리

역할 · 감정 · 욕구(Role · Emotion · Need: REN) 관계도

날 짜: 년 월 일

참여자:

역할(Role) · 감정(Emotion) · 욕구(Need) 목록

역할(Role) – Robert Landy

역할은 모두 사회적, 심리 · 정서적, 영적, 미적으로 해석할 수 있습니다.
요즘 나의 상황과 살아가는 모습을 역할로 말할 수 있습니다.

1. 최근 3개월 동안 '현재의 나 ○, 되고 싶은 자 ♧, 방해자 △, 돕는 자 ♡'에 해당하는 모든 역할에 ✓로 표시해 주세요.

역할	○	♧	△	♡	역할	○	♧	△	♡	역할	○	♧	△	♡
아이					신자					예술가				
청소년					의심하는 자					꿈꾸는 자				
어른					돕는 자					자매				
노인					겁에 질린 자					형제				
미인					생존자					버림받은 자/고아				
야수					좀비					친구				
보통 사람					낙천가					완벽주의자				
특별한 사람					화난 사람					증인				
아픈 사람					조용한 사람					가난한 자				
건강한 사람					혁명가					부자				
치유자					연인					전사				
무시되는 자					이기주의자					노예				
현명한 사람					어머니					자유로운 자				
광대					아버지					살인자				
비평가					아내					자살자				
순수한 자					남편					영웅				
비열한 자					딸					죄인				
희생자					아들					성자				

역할 – 54개

(표 계속)

감정(Emotion) – 박미리	욕구(Need) – A. Maslow
• 슬픔(자기연민) • 사랑(희망) • 분노(원망/두려움) • 슬픔(이타적 연민) • 자기혐오(수치심/죄책감)	• 자기초월(초월 · 영적) • 자아실현 욕구 • 심미적 욕구 • 인지적 욕구 • 자존 욕구 • 소속(사회적) 욕구 • 안전 욕구 • 생리적 욕구
감정 – 5단계	욕구 – 8단계

2. 앞의 목록에서 요즘 내게 해당하는 것을 확인하여, 다음 표의 빈칸에 적어 주세요.

① 네 가지 영역 역할에서 1, 2순위 역할을 정한 후 역할 칸 A와 B에 기재한다.

② 1, 2순위 역할이 어떤 감정 상태인지를 찾아서 기재한다.

③ 그 감정을 가진 역할이 어떤 욕구 상태 인지를 찾아서 '결핍(–)' '충만(+)'으로 기재한다(예: 자존–, 소속+).

역할 · 감정 · 욕구 관계도(Role · Emotion · Need: REN)												
구조	현재의 나 ○			되고 싶은 자 ♧			방해자 △			돕는 자 ♡		
REN	역할	감정	욕구	역할	감정	욕구	역할	감정	욕구	역할	감정	욕구
A												
이름 짓기												
REN	역할	감정	욕구	역할	감정	욕구	역할	감정	욕구	역할	감정	욕구
B												
이름 짓기												

(표 계속)

3. 앞의 REN을 통해 다음의 한 문장을 조합합니다.
( )에 역할 이름을 적어도 되고, 이름짓기로 지은 것으로 적어도 됩니다.

A

"나는
(현재의 나) 사람이고, (되고 싶은 자)이/가 되고 싶은데,
(방해자)이/가 방해하고, (돕는 자)이/가 도와준다."

B

"나는
(현재의 나) 사람이고, (되고 싶은자)이/가 되고 싶은데,
(방해자)이/가 방해하고, (돕는자)이/가 도와준다."

출처: 김미희(2022).

(2013)의 감정모델, 에이브러햄 매슬로(Abraham Maslow, 1943)의 욕구단계이론을 반영했다.

(1) 역할: 랜디의 역할이론

랜디(Landy, 1993)는 모레노의 역할이론을 통해 역할모델 연극치료를 정립했다. 그는 그리스 비극부터 현대극까지 600편 이상의 희곡을 연구하여 공통되는 극적 역할을 분류했으며 몇 차례의 연구 과정을 거쳐 58개의 주요 역할(Landy, 2009)을 선별했다. 여기서 기본 전제가 되는 주요 성격 구성체는 역할이며, 역할은 성격의 개별적인 특성을 나타내고 그 사람을 자신이 속한 사회 안에 안착하도록 한다. 역할이론에서 건강함은 균형 있고 역동적, 상호적인 역할 체계의 창조, 그리고 한 사람의 인생 스토리를 집단 문맥 안에서 이야기하고 수정하는 수용력이다(Landy,

2008). 그는 세분된 역할을 바탕으로 역할점검표라는 진단평가 도구를 개발했다. 각 역할별로 '나는 누구인가?' '무엇이 되고 싶은가?' '누가 나를 돕는가?' '누가 나를 방해하는가?'의 네 가지 항목으로 분류하고, 참여자의 신체적 · 인지적 · 정의적 · 사회적 · 정신적 · 예술적 특성을 진단하는 것이다(Landy, 1993).

이러한 네 가지의 항목을 통해 역할점검은 개인의 심리적 현재를 알 수 있는 이정표가 될 수 있다. 역할은 전체적인 인격이라기보다 하나의 페르소나와 연관된 행동, 그 안의 감정, 사고와 가치로 된 형태이자 표현이다(Landy, 1993). 랜디는 또한 역할이 인성의 기본 단위로서 자기 자신과 다른 사람에 대한 생각과 감정을 담는 그릇(Landy, 1994)이라고 규정한다.

이를 살펴보면 그는 역할이 지니는 관계성과 감정, 그리고 사고와 가치에 집중한 것임을 알 수 있다. 외상 경험자는 보이지 않는 자신의 감정을 제대로 인식하기 어렵다. 그러나 생활 습관 및 몸의 상태 등 보이는 것과 관련된 극적 역할을 선택하는 것은 감정을 언어로 표현하는 것보다 상대적으로 쉬울 수 있다. 그리고 그렇게 선택된 역할이 가진 감정을 찾는 우회적인 방식이 오히려 자신의 감정을 알아차리는 데 용이한 접근이 될 수 있다(김미희, 2022). 나는 54개의 역할을 선택하여 사용했다.

(2) 감정: 박미리의 감정모델

감정모델은 '슬픔(자기연민)' '분노(원망/두려움)' '자기혐오(수치심/죄책감)' '사랑(희망)' '슬픔(이타적)' 다섯 가지의 감정 흐름을 제시한다(박미리, 2013). 참여자는 앞서 선택한 역할을 통해 감정이 유발되는데, 이 다섯 가지의 감정을 어떻게 느끼고 알아차리는지에 따라 감정인식과 신체감각 활성화에 도움을 받을 수 있다(김미희, 2022). 감정의 이름을 세어 보면 너무나 다양하다. 그런데 감정모델에서는 감정을 다섯 가지로 축약하여 오히려 그 감정 이름 안의 것을 사유하는 데 도움을 준다. 같은 감정 이름일지라도 누군가는 낯설게 느끼고 누군가는 섬세하게 느끼기도 한다. 또한 다양하고 섬세한 감정을 찾는 데 어려움을 느끼기도 한다. 그런데 이 다섯 가지는 간단하게 와닿을 수 있다. 뿐만 아니라 역할이 가진 대표 감정을 선택하게 될 것이기에, 역할이 가진 성격과 합해져 그 너머의 정서와 생각들을 대입할 수 있다.

(3) 욕구: 매슬로의 욕구단계이론

욕구 인식은 자신이 느끼고 있는 감정 상태를 더 잘 이해할 수 있도록 한다. 욕구를 알아차리면 자신이 무엇을 행해야 하는지 선택하는 것이 수월하다. 외상은 욕구 인식 또한 저해한다. 그렇기 때문에 외상 증상은 신체, 안전, 사랑, 인정 등 인간의 기본 욕구의 좌절에서 원인을 찾을 수 있다. 외상 경험 때 싸움 또는 도주의 실패로 스스로를 보호해 내지 못한 데에서 좌절감이 생긴다. 그때 타인으로부터 적절한 도움을 받지 못한 소외감이 더해져서 외상 경험자에게 트라우마로 남게 된다. 따라서 인간의 기본적인 욕구의 회복은 건강한 역할을 살아갈 수 있는 원동력이 된다.

한편, 매슬로는 최종적으로 생리적, 안전, 소속, 자존, 인지적, 심미적, 자아실현, 자기초월의 여덟 가지를 기본 욕구로 제시한다. 그는 이보다 앞서 인간의 욕구가 기본적인 인간의 행동을 유발하는 것이라고 하면서 생리적, 안전, 소속감 및 사랑, 존중, 자아실현의 5단계 욕구 위계를 만들었다(Maslow, 1943). 이후 현대에 맞게 인지적 · 심미적 · 자기초월의 욕구를 추가하여 8단계로 재정립했다. 그는 인간의 욕구를 결핍 욕구와 성장 욕구로 구분하고, 4단계까지는 결핍에서 동기화된 욕구이며, 5단계부터는 보다 나은 존재로 살고 싶은 성장의 욕구로 본다. 이와 같은 욕구의 성취로부터 안정감과 행복감이 획득된다. 그는 잘 적응된 인간이란 무의식적인 욕구에 따라 행동하고 성장하는 것이 아니라 스스로 성장하고 즐기며 새로운 것을 학습하고 능력을 키워나가며 발전하는 것이라고 보았다(김미희, 2022).

앞서 제시한 '역할 · 감정 · 욕구 관계도(REN)'(2022)의 표는 2023년에 욕구결핍(−), 욕구충만(+), 이름짓기, 문장 완성을 추가하여 표의 형식을 수정 및 보완한 것이다. 2023년에 진행된 '5단계 가족연극치료' 사례에 사용할 때는 2022년의 형식을 그대로 사용했다. 2023년부터 추가된 것은 욕구의 결핍일 때 −로 체크, 욕구가 충만히 채워졌을 때 +로 작성하는 점이다. 2022년까지는 어떤 욕구 상태인지 또는 어떤 욕구를 원하는 상태인지로 찾아냈다. 또한 2023년에 이름짓기도 추가되었다. 이름짓기는 역할, 감정, 욕구를 통합하여 그것이 의미하는 이름을 지어 주는 방식이다. 이름짓기와 문장 완성 형식은 내가 2010~2011년 용인대학교 예술치료학 석사과정과 한국연극치료연구소의 연구원이던 때 박미리 선생님의 주관하에 연구된 방식으로, 이때 이름 짓기는 역할에 대한 이름을 짓는 것이었다.

(4) REN 검사 방법 및 활용법

'역할 · 감정 · 욕구 관계도(REN)' 방법은 다음과 같다.

① **REN 설명하기**: 연극심리상담사가 역할, 감정, 욕구에 대한 것과 연결점을 간단히 설명한다.

② **역할 찾기**: 최근 3개월 이내, 현재 '나'에 해당하는 네 가지 역할을 찾아서 '현재의 나 → 되고 싶은 자 → 방해자 → 조력자'의 순서로 표시한다. 모든 역할 목록은 사회적, 심리 · 정서적, 영적, 미적으로 해석할 수 있다(예: 나는 현재 사회적으로 어른이지만, 심리 · 정서적으로는 아이의 상태일 수 있음. 그렇다면 현재의 나에 '어른' '아이' 모두 표시함).

③ **1, 2 순위 역할 정하기**: 네 가지 역할을 모두 표시했다면 각 역할마다 1, 2순위를 찾아 2번 표의 역할 칸 A와 B에 기재한다(예: '현재의 나'의 역할이 열 가지 정도 나왔다면 그 중 1, 2순위를 찾아서 적는다).

④ **역할이 가진 감정 찾기**: 감정 박스에 적힌 감정 이름을 확인한다. 그리고 본인이 찾은 1, 2순위의 역할의 감정을 찾아 작성한다. 만약 감정 이름을 다르게 쓰고 싶으면 내가 아는 용어로 작성해도 된다(예: 불안, 초조함, 행복, 평안).

⑤ **욕구 찾기:** 그 감정을 가진 역할이 어떤 욕구 상태인지를 생각하고 찾아서 채운다. 욕구는 결핍일 수도 충만할 수도 있기에 그 감정을 가진 역할이 인지적인 것이 부족한 상태라고 한다면 '인지−', 자존이 충만하면 '자존+', 이렇게 표시할 수 있다. 참여자에 따라 욕구 찾는 것을 어려워하는 경우가 있다. 이때는 역할과 감정까지 찾은 후 피규어나 조각상 작업 등을 먼저 해 본다면 그 역할의 욕구 상태를 찾는 데 도움이 될 수가 있다.

⑥ **이름 짓기:** 이 모든 칸을 채웠으면 역할, 감정, 욕구를 통합한 하나의 이름을 지어 준다(예: 말랑이, 거인, 깊은 웅덩이, 엘리스, 김구).

⑦ **문장 완성하고 소리 내서 읽어 보기:** 역할 및 이름 지은 것을 괄호 안에 적어 "나는 (　　) 사람이고, (　　)이/가 되고 싶은데, (　　)이/가 방해하고, (　　)이/가 도와준다."라는 문장을 조합한다. 문장을 완성한 후 천천히 또박또박 세 번 읽는다.

⑧ **소감 나누기:** 진행하면서 느낀 소감을 나눈다.

⑨ **해석 상담 받기:** 연극심리상담사는 해석을 도와준다.

⑩ **심화 과정 경험하기:** 이후 REN을 통한 조각상, 투사작업, 역할극 등을 통하여 알아차림과 성찰의 과정을 가질 수 있다. 이는 REN 심화 과정으로, 전문 연극심리상담에서 여러 기법을 대입・활용하며 진행할 수 있다.

제4장

가족 이야기, 다섯 캡슐

1 가족과 이야기

이야기(narrative)에는 인류의 정서와 지혜, 그리고 경험이 녹아 있다. 이야기는 전달의 힘을 가지고 있다. '옛날 옛적에……' '눈이 많이 내리던 어느 날……' '새가 지저귀는 아침에……' '어스름한 어느 밤에……' 등의 말이 들리는 동시에, 우리는 그 순간으로 이동할 수 있다. 이러한 이야기가 연극치료에서 연극으로 활용될 경우 상상 이상의 힘을 경험할 수 있다.

연극치료에서 이야기를 활용하는 접근법은 참여자로 하여금 흥미로우면서도 안전하게 작업에 임하도록 한다. 이렇게 되면 심리적 안전감이 뒤따라 균형감을 찾기 쉬워진다. 이야기 속에는 수많은 역할과 감정이 살아 숨 쉬고 있으므로 감정 인식을 위한 연극치료 작업에 유효하다.

연극은 우리가 살아가는 인생이 이야기로 담겨 있다. 그것이 연극으로 표현되면 2차원의 평면적인 이야기는 3차원의 입체성을 띠게 되고, 극을 보는 우리에게 보다 진짜처럼 다가온다. 여기에서 더 나아가 우리가 이야기 속 등장인물로 행동하게 되면 그것은 우리 자신에게 직접적으로 영향을 미친다. 다시 말해, 우리가 살아가는 모습이 그대로 연극으로 옮겨지고 행동화, 즉 몸으로 표현될 때 우리는 현실과 허구의 넘나듦을 발견하게 되며 이때 연극의 힘이 발휘된다. 이는 몸, 즉 행동으로 표현될 때만 알게 되는 연극의 비밀이자 힘인 것이다(김미희, 2012, 2019).

지금까지 대중에게 많은 사랑을 받아온 영화, TV드라마, 연극, 옛이야기의 소재는 대부분 가족이다. 가족이 주요 소재가 아니더라도 이야기의 결말은 집으로 돌아가는 내용으로 그려지거나 짧은 순간이라도 가족이 의미 있게 다루어진다. 특히 연속극으로 방영되는 TV드라마는 가족 간의 이야기를 중심으로 구성되어 안방극장에서 꾸준한 인기를 끌고 있다. 이는 가족이 그만큼 우리 삶에서 얼마나 중요한지를 보여 준다. 몇 가지 이야기만 들여다봐도 다양한 가정의 형태와 가족 간의 관계를 통해 여러 정서를 느낄 수 있다.

다음 〈표 4-1〉은 영화, TV드라마, 연극, 옛이야기에서 가족 간의 이야기를 구별하여 소개한 것이다. 이보다 더 많은 이야기가 존재하므로 표를 보면서 떠오르는 가족 이야기를 개인적으로 생각해 보는 것도 좋다. 특히 자신에게 인상 깊은 장면이 떠오른다면 그 이유를 곰곰이 생각해 보기를 바란다. 이는 자기 내면의 소리와 연결된 중요한 지점을 발견하는 기회가 될 것이다.

<표 4-1> 부모 · 부부 이야기

장르	제목(연도)	내용
영화	아바타 2(2022)	다른 민족과의 결혼생활에서 오는 적응과 고충 관련 이야기
	7번 방의 선물(2013)	편부모. 장애인 아버지의 자식 사랑 이야기
	국제시장(2014)	이산가족으로서 자신의 꿈은 내려놓고 오직 가족을 위해 살아온 부모 이야기
TV드라마	고백 부부(2017)	부부의 불화에서 회복으로 가는 과정의 이야기
연극(희곡)	리어왕(1606)	자녀들을 편애한 아버지인 리어왕 이야기
	인형의 집(1879)	그간 남편의 인형처럼 살아온 아내 노라는 이를 깨닫고 아내, 엄마가 아닌 자신을 찾기 위해 집을 떠나는 이야기
옛이야기	선녀와 나무꾼 (한국 고전 신화)	급작스러운 결혼생활의 시작과 너무 다른 문화의 삶을 살았던 부부 이야기

<표 4-2> 형제 · 자매 간 이야기

장르	제목(연도)	내용
영화	태극기 휘날리며(2004)	형제간의 사랑, 가족애 이야기
	겨울왕국 1(2014)	자매간의 불통과 사랑 이야기
	겨울왕국 2(2019)	자매간의 사랑 이야기
TV드라마	응답하라 1988(2015)	자매간 애증, 그 자매들 사이에 낀 막내아들 이야기 등
연극(희곡)	세 자매(1901)	아버지와의 사별 후 각기 다른 삶의 세 자매와 남동생 이야기
옛이야기	흥부전(고전소설)	욕심 많고 못된 형과 긍정을 잃지 않은 착한 아우의 형제 이야기

<표 4-3> 부모로 인해 힘들게 살아가는 자녀 이야기

장르	제목(연도)	내용
영화	겨울왕국 1 (2014)	억압적 부모로 인해 세상과 단절된 언니, 그로 인해 소통의 부재를 겪는 자매 이야기
	코코(2018)	부모의 상처로 인해 가업에 몰두하는 가정, 가업을 유지하기 위해 하고 싶은 것을 하지 못하는 자녀 이야기
	담보(2020)	버림받은 아이, 입양 가족 이야기
TV드라마	스물다섯 스물하나 (2022)	– 아버지의 사망으로 소통이 단절된 모녀 – 일에 몰두하는 엄마 – 아빠의 그리움이 더해져 꿈을 좇는 딸
	더 글로리 (2022~2023)	– 학폭 피해자인 딸을 외면한 알코올 중독 엄마, 모든 곳에서 버림받았지만 복수의 힘으로 이겨내며 살아가는 딸 동은 – 학폭 가해자이자 부모의 돈과 권력을 가진 화려하고 이중적인 연진 – 남편의 갖은 가정폭력에 시달리는 현남 등
연극(희곡)	햄릿(1601)	아버지의 사망, 어머니의 근친상간으로 우울감을 넘어선 괴로움에 시달리는 아들 이야기
	로미오와 줄리엣 (1597)	증오와 복수가 도사리는 각 집안의 자녀들이 사랑에 빠져 비극으로 치닫는 이야기
옛이야기	헨젤과 그레텔 (15세기)	부모에게 버려진 남매의 생존 이야기
	미운 오리 새끼 (1843)	잃어버린 또는 버려진 아이의 성장 이야기

<표 4-4> 부모의 이해가 녹아 있는 이야기

장르	제목 (연도)	내용
영화	인사이드 아웃 1(2015)	급작스러운 이사로 인한 소외감, 친구 간의 어려움을 담은 이야기
	인사이드 아웃 2(2024)	회오리 같은 사춘기를 통과하는 주인공 이야기

<표 4-5> 다양한 가족 이야기가 담긴 이야기

장르	제목 (연도)	내용
TV 드라마	응답하라 1997(2012), 응답하라 1994(2013), 응답하라 1988(2015)	– 다양한 가족의 이야기 – 부모의 유형, 경제적 차이, 지역별 특징 – 부부, 부모, 양육, 청소년, 청년, 꿈, 사랑, 슬픔 등이 녹아 있는 이야기
	눈이 부시게 (2019)	– 격동의 시기를 살아오고 치매를 앓는 할머니 – 나, 엄마, 할머니와의 관계 – 치매를 앓는 할머니를 대하는 가족의 사랑
	우리들의 블루스 (2022)	– 편부모로 미성년 자녀를 키우는 아빠, 그 자녀의 임신과 결혼 – 장애인 동생을 둔 언니 영옥, 남편과 자녀를 사고와 병으로 모두 잃고 하나 남은 아들마저 교통사고가 난 춘희 – 이혼하고 양육권까지 뺏긴 채 치열한 삶을 밝게 살아가려는 선아 – 아들과의 단절 상태에 지병으로 죽음이 가까운 옥동
연극 (희곡)	벚꽃 동산(1903)	과거, 현재, 미래에 머물며 사랑, 꿈, 생활에 전전하며 살아가는 마을 사람들. 그러나 벚꽃 동산이 팔리고 나무들이 잘려 나가면서 각각 새로운 터전으로 흩어지게 되는 사람들 이야기

이 같은 영화, TV드라마, 희곡, 그리고 옛이야기 속 가족을 살펴보면 매우 다양한 가족 이야기를 접할 수 있다. 이러한 이야기들은 현시대의 가정 형태를 들여다보는 기회를 제공하기도 한다. 이야기의 내용이 다소 뻔하거나 신파적일 수 있지만 우리는 그에 울고 웃으며 공감하고, 감정을 해소하며 중요한 깨달음을 얻는다. 이야기 속 갈등 상황에서 등장인물들이 어떻게 대응하는지를 보면 보는 이에게 감동을 가져다주기도 한다. 흔히 갈등은 부지불식간에 일어난다고 하지만 우리는 이를 준비하고 대비할 수 있다. 나아가 갈등을 먼저 예상하는 것도 가능할 것이다. 이러한 과정은 우리에게 많은 것을 가르쳐 주며, 가족 간의 관계를 더욱 깊이 이해하게 만든다.

이야기를 살펴보면 각 시대의 현 상황을 반영하고 있다는 것을 알 수 있다. 특히 TV드라마 〈우리들의 블루스〉 〈스물다섯 스물하나〉 그리고 〈더 글로리〉를 통해 현시대의 리얼리티를 경험할 수 있으며, 이들 이야기의 시작과 끝이 가정으로 연결되어 있음을 느낄 수 있다. 현대사회에서 주목받아야 할 청년들은 찬란하게 빛을 발휘해야 할 시기에 있다. 그러나 시대가 발전함에 따라 청년에게 기대하는 바가 커지면서 이들은 청소년기, 심지어 아동기부터 부담을 느끼며 살아가고 있다.

현대의 많은 청년이 결혼과 출산을 사치로 여기고 있으며, 이러한 생각은 청소년들 사이에도 이미 퍼지고 있다. 그만큼 가정에 대한 피로도와 불안도가 높아지고 있다. 이는 사회적 · 경제적 압박감에서 비롯된 것으로 볼 수 있다. 폭등하는 물가, 불안한

우리들의 블루스(2022)

출처: tvN 공식 홈페이지(https://tvn.cjenm.com/ko/).

스물다섯 스물하나(2022) 더 글로리(2022)

출처: tvN 공식 홈페이지(https://tvn.cjenm.com/ko/); Netflix 공식 홈페이지(https://www.netflix.com/kr).

직장, 상상을 초월하는 고가의 집, 육아의 어려움 등은 모두 현실적인 문제로, 현대사회의 가정의 형태에 영향을 주고 있다.

이러한 현상을 반영하는 용어로 'N포세대, 삼포세대, MZ세대'

가 있다. 나는 이 뜻을 들여다보면서 몇 가지를 생각하게 되었다. 첫째, 청년들이 무언가를 해내야만 한다는 것에 대한 당위성에 대한 저항이 느껴진다. 많은 사람이 하는 일을 자신도 해야 한다는 압박감 속에서 청년들은 자신이 원하는 것에 대해 자기결정을 가지고 스스로 선택하고 실현하고 싶어 하는 마음이 반영된 것 같다. 둘째, 만약 무언가를 하게 된다면 잘 해내야만 한다는 부담감과 불편감에 압도되는 것 같다. 이로 인해 청년들은 더욱 큰 스트레스를 경험하게 된다. 마지막으로, 가장 중요한 점은 주변에서 좋은 영향을 줄 수 있는 롤 모델이 부족하다는 것이다. 가정을 꾸린 사회 선배들이 즐겁게 일하는 모습이 보이지 않고, 부모님이 행복하게 살아가는 것 같지 않으며, 많은 부부가 자녀 양육으로 힘들어하는 모습이 노출되면서 청년들은 사회적, 정서적으로 큰 영향을 받는다. 이러한 반복적인 부정적 경험은 청년들로 하여금 함께함으로써 관계 속에서 서로에게 상처를 주고받느니 차라리 혼자 있는 것이 낫다는 씁쓸한 배려를 하게 한다.

2 가족 이야기, 다섯 캡슐 모델

가족 안에는 여러 테마가 존재한다. 가족마다 반복되고 있는 여러 상황이 있으며, 이러한 상황들을 이해하는 데 도움이 되고자 가족 속 이야기를 다섯 가지의 캡슐로 설명한다. 물론 이 다섯 가지는 저자인 내가 자의적으로 선별하고 구성한 것이며, 여러분은 이를 바탕으로 더 다양한 캡슐을 생각해 보기를 바란다. 가족 이야기 캡슐 다섯 가지는 추억, 상처, 도전, 지지부진, 치유의 캡슐이다. 그 캡슐 안에 흐르는 대표 정서는 평안과 행복, 상실과 슬픔, 좌절과 용기, 기다림과 절제, 눈물과 사랑이다. 가족 이야기 캡슐에 대한 이해를 돕고자 우리가 아는 동화, 민화, 신화, 설화, 영화, 드라마, 희곡 등의 이야기와 맞닿은 지점을 소개하면서 이야기 활용 가족 연극치료를 설명하겠다.

1) 추억 캡슐, 평안과 행복

tvN의 시리즈 드라마 〈응답하라 1997〉〈응답하라 1994〉〈응답하라 1988〉와 Netflix 드라마 〈폭싹 속았수다〉는 각 시대를 통과해 온 지금의 우리에게 소년·소녀의 순수함과 추억을 소환시키며, 마음을 말랑말랑하게 만들어 내는 선풍과 함께 지금을 살

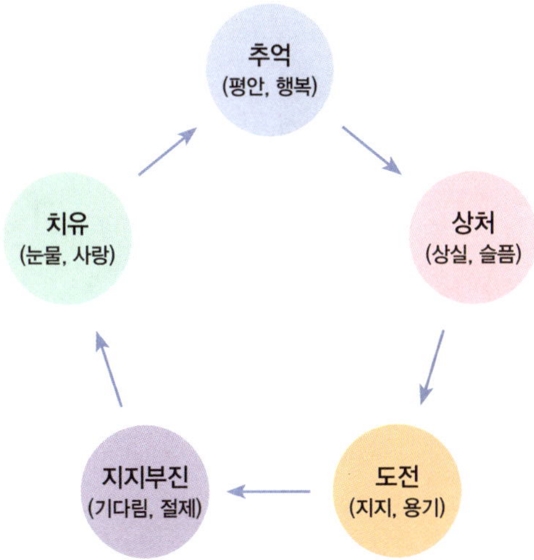

가족 이야기, 다섯 캡슐 모델

아갈 수 있는 긍정적인 반향을 일으켰다. 결국 인간이 추억으로 살아간다는 것이 무엇인지 증명하는 듯하다.

아름다운 추억은 알알이 박혀 있는 보석보다 더 소중하며, 우리에게 세상을 살아가는 데 필요한 힘과 버팀목이 되어 준다. 밤하늘에 무수한 별이 있을 때 우리는 까만 하늘에 집중하기보다는 반짝이는 별에 감탄하며 감동한다. 아무리 하늘이 어두울지라도 별 같은 추억이 많아진다면 그만큼 우리는 힘을 내어 살아갈 수 있을 것이다. 추억은 지지와 돌봄의 의미를 지닌다. 건강한 지지와 건강한 돌봄이라는 자양분이 쌓여 나이테처럼 성장한다면 우리는 건강하고 튼튼한 나무로 자라날 수 있다.

〈응답하라 1988〉

추억: 가족소풍

출처: tvN 공식 홈페이지(https://tvn.cjenm.com/ko/).

(1) 저자의 추억 캡슐

나는 어린 시절 평안하고 행복했던 소소한 추억 몇 가지가 보석처럼 남아 있다.

첫 번째 기억은 아빠와의 기억이다. 아빠는 급한 성격이면서 한편으로는 소소한 다정함을 가진 사람이다. 다섯 자녀를 건사하고 친척들까지 도와주며 사느라 삶이 고단했을 탓에 정서적으로 그렇게 여유 있는 사람은 아니었다. 그러던 어느 날 해 질 녘에 아빠와 손을 잡고 산책했던 기억이 있다. 물론 무언가를 사러 나가는 길이었을지도 모른다. 나의 초기 기억에 그 장면이 선명하게 떠오를 정도로 아빠와의 산책은 참으로 평안하고 무언가가 말랑거리면서도 든든했다. 모든 것이 차오른 것처럼 풍족한 기억으로 남는다. 지금 그 장면이 영화처럼 내게 남아 있다. 아마도 나는 네 자매를 두고 나 혼자서 아빠 손을 잡고 나간 것이 아빠의 사랑을 독차지한 것 같아 좋았을지도 모른다.

두 번째 기억은 새 옷에 대한 이야기이다. 나는 어린 시절에 원래 나의 이름이 아닌 다음 자녀가 아들로 태어나길 바라는 의미의 이름으로 불렸고, 거의 아들 같은 외모로 키워졌다. 외모는 커트 머리를 오랫동안 했으며, 반바지나 바지만 입혀 자랐다. 그중 치마를 제외하고는 주로 언니들이 입던 옷을 물려받거나, 엄마가 털실로 짠 옷을 입거나 했다. 모든 사진마다 누가 봐도 아들로 보이는 아이가 사진 속에 있었다. 그렇게 아들처럼 길러졌는데, 내가 치마를 입고 싶어 했는지, 여자처럼 머리를 하고 싶어 했는지도 기억이 나질 않는다.

그러던 어느 날 처음으로 새로 산 나의 첫 원피스가 생긴 날이었다. 설날이 가까워진 어느 날 엄마를 따라 시장에 가서 옷집 저 높이 걸려 있는 원피스를 산 것이다. 그림으로 그려 보라고 하면 그려 볼 수 있을 정도로 또렷이 기억에 남아 있다. 단 한 번의 기억이지만, 아직도 생생하고 모든 것을 가진 것처럼 하늘을 날 듯한 기분이라는 걸 이런 거라는 것을 거의 처음 경험한 날이었던 것 같다. 지금 생각해도 미소가 지어진다. 어린이가 되어 그 옷을 다시 한번 입어 보고 싶다.

세 번째 기억은 그토록 바쁜 부모였음에도 어린이날에 온 가족이 소풍을 간 적이 두어 차례 있다. 일곱 식구가 모두 버스를 타고 한 시간 가까이 걸려서 시내 안에 자리하고 있는 유명한 공원을 갔었다. 우리 집은 광주 시내에서도 외곽으로 떨어져 있는 곳에 살고 있었기에 그곳을 가기 위해 버스를 타야 했는데, 버스를 탔다는 것 자체도 추억으로 남는다. 두 분은 우리 다섯 자매를 위해 머리를 맞대고 나들이를 준비했으리라 생각한다. 소풍 가는 날 이른 아침이 되면 눈이 번쩍 떠졌다. 새벽부터 김밥을 싸는 엄마 옆에서 김밥 냄새를 맡으며 김밥 꽁다리를 먹었던 게 좋았다. 사진을 좋아하시는 아빠는 소풍을 가면 여러 사진을 찍었고 우리는 멋진 포즈를 잡느라 신났다. 소풍을 가면 내가 유독 자주 넘어져 무릎이 크게 다쳐 부모에게 크게 혼나 우는 일도 다반사였지만 말이다.

이러한 가슴 한편 추억이 내가 살아가는 데 원동력이 되고 있기에, 지금 나의 본 가정과 우리 자녀들에게도 이러한 내리사랑을 주고자 노력하고 있다.

(2) 이야기 속, 추억 캡슐

〈겨울왕국 1(2014)〉

언니 '엘사'와 동생 '안나'는 함께 눈놀이하는 것을 좋아했다. 엘사 언니가 눈으로 마법을 부리고, 안나는 그에 맞춰 신나게 놀았다. 안나는 엘사가 만들어 주는 눈길, 빙판, 눈사람을 가지고 노는 것을 좋아했고, 함께 행복한 시간을 가졌다. 여느 날처럼 엘사는 눈 마법을 부렸고, 동생의 요구를 들어주려다 안나가 다치게 된다. 이후부터 부모님은 엘사의 마법을 푸는 방법을 알아내기 위하여 이곳저곳을 알아보러 다니게 되고, 엘사에게 그 방법을 알 때까지 방에서 나오지 못하게 한다. 엘사 또한 자기 능력이 커지는 것에 두려움을 느끼고 스스로를 고립시킨다. 마법을 푸는 방법을 찾기 위해 배를 타고 나간 부모는 폭풍을 만나 배가 난파되어 목숨을 잃게 된다. 이후 엘사는 방에서 홀로, 안나는 궁에서 홀로 지낸다. 엘사는 그 모든 일에 대한 충격과 죄책감에 시달린다. 그러나 동생은 언제나 언니를 만나기를 바라고 바란다. 언니와 함께 웃고 즐거워하고 소통했던 그 순간들이 그립다. 안나는 언니와의 좋은 추억에 힘을 얻으며 하루하루 살아가고, 언니를 그리워하며 언니가 방에서 나오기만을 기다린다.

〈겨울왕국 1〉

출처: 네이버 영화 홈페이지(https://movie.naver.com).

〈스물다섯 스물하나(2022)〉

나희도는 아빠를 일찍 잃게 된다. 병상에 있었던 아빠가 돌아가시던 날 앵커였던 엄마는 속보를 전달하느라 장례식장에 바로 오지 못했고, 어린 희도는 홀로 장례식장을 지켜야만 했다. 이후 엄마와 희도의 소통은 급격하게 단절된다. 어린 시절 희도는 아빠 덕분에 펜싱에 대한 재능을 찾았고, 아빠의 적극적인 지지를 받으며 펜싱을 하게 된다. 희도에겐 금메달을 아빠 목에 걸어 주겠다고 약속했던 추억이 선하다. 펜싱은 곧 희도와 아빠를 연결하는 통로였다. 아빠가 돌아가신 후 엄마는 더욱 일에 매달리고 냉혈할 정도의 완벽주의 이미지를 고수하며 살아간다. 엄마는 희도의 펜싱을 반대하지만, 희도는 펜싱을 포기하지 않는다. 지금까지 아빠의 기일을 엄마와 같이 기념해 본 적이 없는데, 우여곡절 끝에 희도와 엄마는 아빠의 11번째 기일을 함께 보내게 된다. 서로의 마음을 확인하고, 엄마도 아빠를 그리워했음을 밝히며 그동안 억눌렀던 아빠/남편에 대한 그리움과 슬픔을 처음으로 공유하게 된다. 둘은 드디어 정서적 소통을 할 수 있는 엄마와 딸로 거듭난다.

〈스물다섯 스물하나〉

출처: tvN 공식 홈페이지(https://tvn.cjenm.com/ko/).

(3) 추억 이야기 활용, 가족연극치료

① **추억 이야기 듣기:** 추억과 관련된 이야기를 하나 정하여 연극심리상담사가 들려주거나, 참여자가 이야기해 본다.

② **이야기 속 추억 연극해 보기:** 이야기 전체를 큰 구조로 나누어 3~5장면 정도로 나누어 극 활동을 해 본다.

③ **인상 깊은 장면 나누기:** 연극을 마친 후 인상 깊었던 장면에 대해 나눈다.

④ **나의 추억 떠올려 보기:** 나에게는 가족과 관련된 어떤 추억이 있는지 떠올려 본다.

⑤ **추억 활동 긍정 정서 강화하기:**

- 개인 작업
  - 그때의 나의 감정 상태를 투사작업인, '그림, 피규어, 클레이 및 점토로 형상화하기 등'으로 표현한다.
  - 왜 이렇게 표현했는지 이야기를 나눈다.
  - 이때 나의 힘을 내 몸에 다시 흡수하기 위한 명상/조각상/변형움직임 등이 이루어진다.
- 가족 작업
  - 각 가족이 생각하는 추억의 순간을 조각상/연극으로 재연해 본다.
  - 조각상/연극을 마친 후 소감을 나눈다.

⑥ **성찰하기:** 추억의 그 순간이 나에게 어떤 힘을 주었는지 성찰의 시간을 가진다.

2) 상처 캡슐, 상실과 슬픔

추억이 깃들어 있는 시점이 항상 행복한 일로만 가득하지는 않다. 그 안에는 상처와 어려움도 함께 공존하고 있다. 상처는 누구에게나 있을 수 있는 것이며, 모든 사람이 가지고 있다. 이 상처를 어떻게 관리하고 처리하느냐에 따라 한 개인의 삶이라는 물줄기가 어느 방향으로 흘러갈지 결정되기도 한다. 이 과정에서 우리는 역경의 대홍수를 만나기도 한다.

가정은 거대한 상실과 가장 잔인한 폭력으로 인해 깊은 슬픔이 생성되는 곳이기도 하다. 상처가 계속 반복되거나 방치된다면 그것은 마치 블랙홀과 같아질 수 있다. 치료하지 못한 채 그대로 곪아 버린 상처는 그 파괴력이 얼마만큼일지 가늠하기가 어렵고 그것은 자신이나 타인을 향하게 된다. 상처를 예방하고 어떻게 응대할지가 그만큼 중요하다. 가족에게 받은 상처는 상대의 잘못으로 인한 것일지라도 이는 자신을 좀먹게 할 뿐 아니라 타인에게 복수하고 싶은 심리적 고립감에 빠질 수 있다. 이 상처는 블랙홀로 작동하여 다른 사람들을 빨아들이고, 결국은 자신까지도 거대한 상처 속으로 빨려 들어갈 수 있다. 만약 내가 누군가에게 정의라는 명목으로 상처를 주고 있다면 지금 당장 멈추고 지혜를 찾아야 할 것이다. 이는 또 다른 복수로 이어지는 조용한 폭력일 수 있기 때문이다.

물론 '씻을 수 없는 상처'라는 말이 있듯이, 어떤 상처는 감히 함부로 가늠하기도 어려울 정도로 깊다. 이러한 상처는 인간의 서툶에 그치지 못하고, 인간의 어두운 면이 드러나게 한다. 우리가 흔히 '막장 드라마'라고 부르는 극단적인 상황으로, 외도, 성폭력, 생명의 위협을 가하는 학대와 폭력 등이 이에 해당한다. 이러한 상처는 인간 존엄성의 상실을 넘어선 심각한 문제로, 피해자에게는 큰 트라우마로 남을 수 있다.

가해자와 분리하지 않고 함께 있게 되면 종국에는 피해자가 가해자의 심리와 시선에 맞추려는 모습이 나타날 수 있다. 이것은 가정폭력의 굴레에서 벗어나지 못한 채 가해자를 이해하려 하고, 가해자의 비위를 맞추려는 심리와도 연결된다. 이러한 현상을 '스톡홀름 증후군'이라고 한다. 스톡홀름 증후군은 범죄 심리에서 시작된 용어지만 이러한 심리 기제는 반복되는 폭력이 있는 상황인 가정폭력, 데이트 폭력, 사내 폭력 등에서도 나타나고 있다. 폭력은 신체적 폭력만이 아니라 정서적 · 성적 · 경제적 폭력, 방임과 유기 등 다양한 형태로 존재한다. 폭력이 발생했을 때는 우선 가족 간에도 거리두기가 필요하다. 사과를 받는 것도 중요하지만, 상대와의 거리를 두고 회복할 시간이 필요하기 때문이다. 상황을 덮고 빠른 용서를 하거나 섣불리 같은 공간에 머무르는 것은 위험할 수 있다. 안전한 거리를 두어 신변을 보호하고, 개인의 마음을 정리하며 관계를 돌아보는 시간을 가지는 것이 중요하다. 이때 거리두기를 하면 상대의 화가 더 커질까 봐 또는 상대와 내가 완전히 분리될까 봐 두려움이 생기기도 한다. 우선은 자신의 안전과 안정화가 먼저이기 때문에 거리두기에 대한 불안을 내려놓아야 한다.

상처는 주관적인 경험이다. 그러므로 상대방이 느끼는 아픔을 있는 그대로 받아들이는 것이 중요하다. 내가 느끼기에 그 상처가 크지 않다고 해서 상대의 아픔을 가볍게 여겨 치부하고 무시한다면 오히려 상대와의 관계는 더욱 멀어질 수밖에 없다. 공감은 단순히 내 생각이나 가치관으로 상대를 대하는 것이 아니다. 상대의 처지에 서서 상대의 마음을 느끼려는 노력이 공감일 것이다. 우리는 공감한다고 하지만 사실 자신의 주관대로 공감하는 경우가 많다. 온전한 공감이란 것이 이루어지기란 어렵지만, 우리는 그 사람의 입장에서 이해하려고 노력하는 것이 필요하다.

내가 부모의 처지에서, 내가 배우자의 입장에서, 내가 자녀의 관점에서 상대를 이해하려고 부단히 노력해야 한다. 이러한 공감이 자연스럽게 이루어지기만을 기다리지 말고, 적극적으로 노력하고 실천해야 한다. 나는 과연 얼마나 상대의 상황에 공감하려고 노력했는지를 돌아보는 것이 중요하다.

(1) 저자의 상처 캡슐

나는 다섯 명의 자매 중 셋째이다. 위로 언니가 이미 두 명이나 있었기에, 남아선호사상이 강했던 그 시절 우리 부모님은 내가 아들로 태어나기를 간절히 바랐다. 나를 임신하고서는 아들 이름을 잔뜩 지어놓고 내가 태어나는 날만 손꼽아 기다렸다. 그 당시는 성별을 미리 알 수 있지도 없었을 뿐더러, 배 모양이나 태몽, 입덧 등으로 아들인지 딸인지를 맞추던 시절이었다. 나는 그 모든 것이 남자였다고 해서 아들로 확신했다고 한다. 하지만

나는 딸로 태어났다. 그런데도 부모님은 내가 아들처럼 자라야 다음 자녀가 아들일 수 있다는 미신을 믿고, 나를 거의 아들로 키워 냈다. 추억 캡슐에서 말했듯이, 나는 여느 남자아이처럼 짧은 머리에 항상 바지를 입고 다녔다. 다음에는 아들이 태어났으면 하는 마음에서 '두래'라는 이름으로 불렸다. 유년기 내내 두래라고 불렸기 때문에 나는 나의 실제 이름이 어색했다. 치마는 국민학교에 입학할 때쯤 처음 입었고, 그제서야 머리도 기르기 시작했다.

이렇듯 나는 태어날 때부터 기대에 못 미친 아이로, 환영받지 못했고 나의 존재가 있는 그대로 받아들여지지 않은 채 유년 시절을 보냈다. 이 세상에서, 이 가정에서 부정 받은 정서가 자연스럽게 자리 잡아가며 자라난 것이다. 어린 시절 사진을 보면 표정이 늘 뚱해 있거나 무표정으로 일관하고 있다. 서글픔과 억울함이 가득했지만 왜 그런지 잘 몰랐다. 어느 날 아무것도 모른 채 집에 들어왔는데, 깨진 접시나 컵이 내가 깬 걸로 되어 있는 적이 여러 차례 있었다. 다섯 자매 중에 난 자주 범인으로 몰렸다. 내가 아무리 아니라고 해도 나는 이미 범인으로 낙인찍혀 있었고, 한번 낙인이 찍히면 그 사실이 바뀐 적이 없었다. 내가 혼이 나야 했고 내가 범인이 되어야만 했다.

그 당시 나는 울다가 가슴에 실제로 통증이 있을 수 있다는 것을 알았다. 정말 가슴이 너무 아파서, 가슴을 손으로 쥐고는 어두컴컴하고 비좁고 더러운 외길 길바닥에 앉아 서럽게 울었던 적이 많았다. 억울함이란 감정은 내 속에서 똬리를 틀었고, 서러움,

억울함과 친구가 되어 함께 성장하기 시작했다. 반면에 자매들은 각자 원하는 것을 척척 하는 것 같았다. 부모님은 내가 공부만 하기를 원했는데, 나는 중학교 때 연극동아리에 들어가면서부터 연극이라는 매력을 느끼기 시작했다. 그렇다고 그 길을 갈 구체적인 생각까지는 없었으나, 고등학교 3학년이 다 되어서야 늦게나마 그 길을 가고 싶은 확신이 생겼다. 부모님은 반대했고, 나는 계속해서 기대에 못 미치는 아이가 되었다. 그러다 나는 1부에서도 밝힌 것처럼, 대학에서 데이트 폭력을 당하고 피해자임에도 불구하고 학교에서 집단으로 손가락질받는 2차 가해까지 당하며 우울증에 시달리게 된다. 이후 살기 위해서 학교를 휴학했으나, 그와 동시에 어두운 터널 속으로 들어가 긴 방황을 시작했다. 늘 길이 막히고 좌절되며 사건에 휘말리는 내 삶은 마치 이 인생을 그만하라는 신호를 보내는 것 같았다.

앞서 말한 것처럼 나는 다섯 딸 속에서 자라났다. 우리 자매들은 성인이 되고 각자의 상처들이 생기고 아파졌으나 감사하게도 서로의 유대감은 더 소중하고 끈끈해졌다. 큰언니는 결혼 10년 만에 이혼하고 두 딸을 홀로 키웠다. 세 모녀는 형편이 되지 않아 떨어져 살기도 하고, 친정에 얹혀살기도 하다가, 시간이 흘러 딸들이 성인이 되고 나서야 어렵게 집을 마련하면서 처음으로 세 모녀가 오붓하게 함께 살아가기 시작했다. 아늑한 집을 꾸미고 안정화가 되려고 하니 그때부터 묵혔던 우울함이 들어오기 시작했고, 어느 날 큰언니는 암 판정을 받았다. 지금은 수술, 항암, 방사선치료를 모두 마치고 다른 여러 치료를 진행하며 투병 중이다. 아이러니하게도 큰언니는 결혼 후 자신의 인생에서 이렇게 일을 쉬어 본 경험이 처음이라고 했다. 그러면서 일상에 대한 감사가 회복되어 이제는 언니의 달란트를 조금씩 사용하며 살아가고 있다.

둘째 언니에게는 아주 어여쁜 딸이 있다. 그러나 딸과 아이 아빠의 관계가 안 좋아지면서 유독 심각한 사춘기를 겪었는데, '이러다 무슨 일이 나겠구나! 뉴스에 나겠구나!' 할 정도로 매일 쓰나미 같은 시간을 보냈다. 그 무서울 정도의 사춘기는 중학생부터 고등학교 졸업할 때까지 길게 이어졌고, 대학생이 되고 자취를 시작하면서 극심한 건 사라졌다. 지금은 엄마와의 소통은 열려서 잘 지내고 있으나 아빠와의 소통은 아직도 이어지지 못하고 있다. 다행인 건 자녀와의 갈등으로 부부 사이가 오히려 회복되는 경험을 하였다. 자녀의 어려움으로 부부는 대화를 자주 할 수밖에 없었는데, 부부간 갈등이 순간적으로 심화된 것 같았으나 그것은 회복의 시작이 되었다.

동생들은 둘 다 자신이 하던 일을 잘 해냈고 자신들의 노력과 길이 맞닿으면서 열린 길들을 잘 걸어 나갔다. 둘 다 한국무용을 했고, 출중하게 잘 해내는 편이어서, 학원도 학교도 장학금을 받아 가며 활동했다. 큰동생이 무용 콩쿠르에 나갈 때 나는 시간이 되면 매니저로서 도와주었는데, 함께 온갖 짐을 들고 버스와 택시를 타 가며 다녔던 기억이 있다. 동생은 현대무용을 접목한 한국무용으로 자신만의 무용을 만들어 내고 마음껏 날아다녔다. 그러던 어느 날 동생이 무용단에서 공연하던 중 쓰러져 그대로 몇 년간 투병 생활을 해야만 했다. 무용에 열심을 다하며 고된 훈련과 잦은 부상으로 몸은 서서히 망가져 갔던 것이다. 허리, 어깨, 고관절, 무릎이 모두 망가졌고, 그 외에도 몸의 약한 부분이 다발로 발견되면서 몇 년을 병원에 누워있어야만 했다. 그렇게 본인 인생에서 전부였던 무용을 내려놓을 수밖에 없었다. 병원 생활이 장기화되면서 고향에 내려가게 되었고 요양을 하는 동안 지금의 배우자를 만났다. 몸이 좋지 않았음에도 기적적으로 임신하고 힘든 출산 과정을 겪었으나, 귀한 아들을 낳고 예쁜 가정을 꾸리면서 매일의 기적을 경험하며 살아가고 있다.

또 한 명의 동생은 결혼하고 4개월 만에 배우자를 잃었다. 신혼 4개월 때 집에서 저녁밥을 맛있게 먹고, 잠시 집 앞에 나갔다가 교통사고로 사별을 맞이했다. 우리 가족에게 이처럼 가까운 죽음은 처음이었다. 가족 모두가 혼절 상태였다. 사고가 나던 날 밤, 전화기가 울렸다. 잠결이었는데도 이상하고 싸한 느낌이 들었고 누구에게 온 전화인지도 몰랐으나 받아야만 할 것 같았다. 전화를 받으니 아버지였다. 아버지는 제부 이름만 반복해서 부르며 한참이나 말을 잇지 못했다. 탄식인지 울음인지 모를듯한 무거움과 허망함의 모든 것이 뒤섞인, 처음 들어보는 아버지의 목소리였다. 나는 잠결이었는데도 신경이 곤두섰다. "응? 제부? 왜? 제부가 왜, 아빠. 왜?" 그렇게 아버지는 제부의 죽음을 알리며 흐느끼셨다. 그때 아버지의 목소리가 아직도 생생하다. 그 당시 내가 가장 가까이 살았기에 나는 곧장 택시를 탔다. 나는 택시 기사님에게 새어 나오는 울먹임을 감당하지 못한 채 뭐라고 뭐라고 중얼거리며 어찌할지 몰라 했고 기사님은 묵묵히 있어 주셨다. 그때 택시 창밖으로 벚꽃이 흐드러지게 피어있는 서울의 아름다운 한강 밤거리가 비쳤다. 죽음과 아름다움이 공존하다니 그 순간이 너무 잔인했다. 장례식장에서 홀로 가족을 기다리고 있던 동생은 눈에는 눈물이 흐르고 있었지만 현실을 받아들이지 못한 채 넋나간 표정으로 있었다. 동생은 아직 그 시간을 넘어가며 회복하고 있으며, 정서적으로 독립하고 개인으로 성장하며 주변 사람에게 존재만으로도 긍정적 영향을 주는 귀한 사람으로 살아가고 있다.

우리 다섯 자매는 그렇게 가장 사랑한 것을 상실하는 경험을 했다. 건강, 자녀, 공동체, 비전, 배우자 등으로 인한 상처와 허덕임으로 좌절했다. 우리 가족은 각 자매에게 일이 일어났을 때, 미숙할지언정 각자의 방법대로 서로를 살피고 돌보는 일들을 해냈다. 가족이 존재한다는 것 자체가 주는 힘이 있었다. 물론 이 일을 겪고 회복해 나가는 여정은 길고 길다. 마음껏 울고, 마음껏 아파하고, 마음껏 저항할 수 있도록 우리는 기다려 주고 있다. 회복되어 가고 있고, 앞으로도 회복될 것이다.

(2) 이야기 속, 상처 캡슐

「리어왕(셰익스피어, 1606~1608)」

리어왕은 나이가 들어, 세 명의 딸에게 재산분배를 1/3씩 하려고 한다. 그러기 위해 "나를 얼마나 사랑하느냐?"라고 묻는다. 첫째와 둘째는 갖은 아첨과 온갖 아부로 본인들이 아버지를 얼마나 사랑하는지를 장황하게 말한다. 그리고 셋째인 코델리아는 드릴 말이 없다고 하며, 부모로서 자신을 키워 주고 길러 준 은혜에 대한 감사함과 사랑의 마음은 있으나 언니들이 말한 것처럼 모든 것을 내어놓을 정도로 사랑하는 것은 아니라고 말한다. 이 말에 리어왕은 코델리아를 배은망덕한 후레자식으로 치부하고 코델리아에게 물려 줄 재산을 언니들에게 반씩 줘 버리고, 코델리아를 빈털터리로 궁에서 쫓아내 버린다.

실상 첫째와 둘째는 재산에만 관심이 있었을 뿐 아버지에게 관심이 없었기에, 결국은 아버지를 홀대하고 괴롭히다가 쫓아내 버린다. 두 딸에게 처절한 배신을 당한 리어왕은 비참함을 느끼고 후회, 분노, 서러움에 휩싸이다 그만 미쳐버린다. 이 사실을 안 셋째 코델리아는 아버지를 구하기 위하여 목숨을 바쳐 전투에 참전했다가 허무한 죽음을 맞이한다. 두 언니는 시기와 욕심으로 서로를 할퀴다 독살과 자살로 생을 마감한다. 리어왕은 이렇게 세 명의 딸을 모두 잃고 만다.

King Lear and Cordelia(Benjamin West, 1793)

출처: Folger Shakespeare Library(digitalcollections.folger.edu/img3039).

Three Daughters of King Lear(Gustav Pope, 1875~1876)
출처: Artvee(artvee.com/dl/three-daughters-of-king-lear#00).

(3) 상처 이야기 활용, 가족연극치료

① **상처 이야기 듣기**: 상처와 관련된 이야기를 하나 정하여 연극심리상담사가 들려주거나, 참여자가 이야기해 본다.

② **인상 깊은 역할 정하기**: 어떤 역할이 가장 인상 깊은지에 대한 이유를 나누고 자신이 선택한 역할을 주인공으로 설정한다.

③ **주인공 조각상 작업하기**: 주인공 역할을 조각상으로 만들어 본다.

④ **주인공 주변 조각상 작업하기**: 주인공 조각상 주변에 어떤 사람들이 어떤 모습과 표정으로 있을지를 조각상으로 만들어 배치해 본다.

⑤ **거리 두기**: 주인공 조각상을 수행한 참여자는 조각상에서 빠져나와 관객이 된다. 연극치료사가 주인공이 되어 그 조각상을 다시 표현한다. 참여자는 관객이 되어 전체 조각상을 거리를 두고 바라본다.

⑥ **조각상 변형 반복하기**: 참여자는 조각상을 어떻게 변형하고 싶은지 생각해 보고 변형해 보면서 자신이 주인공이 되었다가, 그 외 조각상이 되었다가, 관객이 되기를 몇 차례 반복한다.

⑦ **성찰하기**: 참여자는 자신의 상처와 맞닿은 점이나 해소된 점 그리고 나의 상처 치유에 필요한 것이 무엇인지에 대해 사유하고 나눈다.

3) 도전 캡슐, 지지와 용기

도전이란 그 자리에만 머물러 있지 않고 좌절에서 일어나 한 걸음을 떼는 것이다. 그 한 걸음을 떼기 위한 모든 움직임이 곧 도전이자 용기일 것이다. 도전은 큰 모험을 뜻하기도 하나, 작은 움직임 하나와 소리도 도전이 될 수 있다. 상처에 짓눌려 멈춰 있거나, 위축되어 있거나, 무너져 있는 사람에게 큰 변화가 없다고 말하는 것은 폭력일 수 있다. 우리는 기계나 물건이 아니며, 칩에 무언가가 설정되어 클릭하면 바로 표현할 수 있는 AI가 아니다. 작은 한마디 또는 작은 행위가 도전이며, 그것을 포기하지 않으려고 해 보자. 그리고 아무런들 어떤가? 잠시 포기할 수도 있다.

고집하고 집착한 것을 내려놓는 것도 하나의 도전일 것이다.

(1) 저자의 도전 캡슐

내가 초등학교 고학년 시절, 다섯 살 아래인 막냇동생이 친하게 지낸 친구가 있었다. 그런데 그 아이의 너무 깍쟁이 같은 태도 등이 내 맘에 안 들었고, 동생에게 그 아이와 친구 하지 말라고 강하게 말한 적이 있다. 동생은 처음에는 당황한 듯했지만, 시간이 지나도 그 친구와 지내는 것을 보고 나는 더 강하게 반대했다. 이때 동생이 내게 토로했다. "내겐 친구가 한 명밖에 없고, 내게는 좋은 친구인데, 왜 언니가 그 친구랑 친하게 지내지 말라고 하는 거야!"라며 거의 소리치듯이 말했다. 그 순간, 동생이 내게 소리치며 말하는 게 맘에 들지 않아 나도 같이 소리쳤다. 그때 나는 동생에게 그 친구가 왜 좋은지, 어떻게 친해졌는지 등은 물어보지도 않고, 대뜸 내 기준대로 판단하고 이래라저래라 부정적 평가만 내린 언니였던 것이다. 지금 동생과 나는 둘도 없는 친구로 지내지만, 그 당시에는 내가 동생을 인격적으로 대하지 않았고 나만의 기준으로 함부로 대했다. 그럼에도 불구하고, 그 당시 동생이 자신의 목소리를 낸 것은 꽤 괜찮은 일이었다고 생각한다. 동생은 자기 소리를 냈고, 나는 내 욕심을 내려놓았다. 둘 다 각자의 도전장을 내민 것이다.

나는 서른 중반에 결혼하여 아들 둘을 낳았다. 두 아들은 영유아 검사를 하면 항상 첫째는 상위 1%, 둘째는 하위 1%에 해당했다. 둘째가 약한 이유는 태아 때부터 이미 신장 질환인 수신증이 발견되어 선천성 질환을 가지고 태어났기 때문이다. 이 당시 산부인과 의사는 내게 임신 중단을 돌려 말하기도 했다. 특히 한쪽 신장이 심각한 상황이어서 유산이 될 수도 있었고, 태어난다고 해도 신장 기능은 물론이거니와 다른 질병이나 장애들을 가지고 태어날 확률도 높았다. 우리 부부는 한 치의 고민도 없이 아이를 출산하기로 했고, 큰 병원으로 옮겼다. 신장이 좋지 않아 영양분이 제대로 공급되지 않는지 배 속에서 아이는 겨우겨우 자라났다. 아이는 한 달 일찍 출생했는데, 출산 당시 아이의 신장은 너무 비대해졌고 위급한 상태였다. 출산 시 아이가 숨을 쉬지 않고 울지 않을 수도 있다는 설명을 들었다. 그리고 살아서 태어난다고 해도 신장 한쪽을 곧바로 적출할 확률이 높아 곧바로 인큐베이터로 이동할 것이며, 긴급 신생아 수술이 이루어질 수도 있을 것이라고 했다. 그렇게 위기 속에서 출산했고, 아이는 기적을 보여 줬다. 아주 작지만 울음소리를 냈고, 신장의 부기가 빠지면서 적게나마 기능을 하여 적출하지 않아도 되었으며, 자가 호흡이 가능해서 인큐베이터에는 불과 잠깐만 있었다.

아이에게서 외부로 보이는 장애는 발견되지 않았으나 신장 외에 심장 질환이 발견되었고, 잦은 탈장을 경험하며 수술대에 자주 올랐다. 아이의 첫 수술은 생후 69일 때였는데, 첫 돌이 되기 전에 세 차례의 수술을 이겨 냈다. 잦은 입원은 일상생활이 되었고, 5세 때 마지막 수술을 견뎌 냈다. 아이는 자주 아팠고, 신체는 위축되었고, 겁이 많았으며, 작은 소리와 움직임, 느린 발달로 영유아기를 보냈다. 그러던 아이가 7세부터 씩씩한 모습을 나타

냈다. 점차 건강해지기 시작하자 아이는 자신의 진짜 성향을 보이기 시작한 것이다. 몸이 아파서 자신의 진짜 모습을 제대로 못 보여 줬다는 생각이 들었다. 이렇게 아이는 배 속에서부터 하루도 빠짐없이 스스로 매일매일을 도전했다. 아이는 좌절하지도, 자신을 포기하지도 않았고, 매일 용기를 냈다. 그런 아이를 보면서 나와 남편도 매일 도전하며 하루하루를 지내 왔다.

첫째 아이는 고맙게도 아픈 동생을 너무나 잘 챙기면서 잘 놀아주었다. 엄마가 갑자기 짐을 싸서 동생과 입원하면 몇 주간 엄마와 동생이 보이지 않는 시간을 묵묵히 견뎌야 했다. 어느 날 밤이었다. 둘째가 쉬지 않고 자지러지게 울었고 심상치 않아서 응급실에 가야 했다. 부부는 어린 첫째를 혼자 두고 병원에 갈 수가 없어 할머니가 도착할 때까지 기다려야 했다. 그사이 내가 먼저 둘째를 데리고 병원에 가기로 했다. 그렇게 구급차가 오게 됐고, 119 대원들이 집으로 들어왔다. 내가 둘째를 안고 나가려는 순간 첫째에게 사탕을 쥐여 주며, 할머니가 곧 오니까 아빠랑 조금만 기다리라고 안심시키고 나간 적이 있다. 첫째는 그때 울지도 않았고 얼굴이 하얗게 질려 얼어붙어 있었다. 사실 이런 비슷한 일은 자주 있었고, 아픈 동생으로 인한 엄마의 부재는 잦았다. 첫째 아이는 여러 상황 중에서 그 모습을 아주 오랫동안 기억하며, "119가 와서 엄마가 그때 나한테 사탕을 주고 구급차를 타고 가버렸어. 그때 무서웠어. 그때 슬펐어."라고 밤마다 자주 말했다. 황급히 집을 떠난 엄마의 모습에 첫째는 충격을 받은 것이다. 그 말을 할 때마다 아이를 안심시키고, 미안함과 사랑함을 표했다.

이 말을 어린이집에서도 자주 해서 선생님도 알고 계셨다. 그렇게 7세 반이 되었을 때 선생님께서 "생각해 보니 아이가 이제는 그 말을 안 해요."라고 말해 주었다. 아이는 좌절과 슬픔에 머무르지 않고, 딛고 일어났다. 미안하고 정말 고맙다. 참으로 대견하다.

우리가 좌절을 딛고 한 걸음을 뗄 수 있는 도전을 할 수 있으려면 지지가 필요하다. 그리고 기다려 주는 시간이 필요하다. 지지는 곧 위기를 이겨내는 힘이자 안정적인 정서이다. 지지는 소소한 추억을 통해 쌓여 간다. 지지가 꼭 거대한 경험을 통해 생기는 것이 아니다. 작은 것을 섬세하게 읽어 내고 공감받는 경험이 곧 지지일 것이다.

(2) 이야기 속, 도전 캡슐

〈겨울왕국 1(2014)〉

엘사의 마법으로 안나가 다치게 된 후, 엘사는 마법을 푸는 방법을 알 때까지 방에서 나오지 않기로 한다. 부모님이 돌아가신 후에도 나오지 않는다. 안나는 그런 언니의 방을 포기하지 않고 노크한다. 노크하며 문 앞에서서 언니를 그리워하는 마음을 전하고 여전히 언니에게 말을 걸고 언니를 잊지 않고 찾는다.
엘사의 여왕식이 있던 날, 온 국민 앞에서 놀란 엘사의 손에서 마법이 제어되지 않는 채 나와 버린다. 그 모습을 본 국민들은 두려움에 떨고, 엘사는 궁을 떠나 숲속 깊이 들어가 버린다. 안나는 궁을 떠난 언니 엘사를 찾기 위해 모험을 떠난다.

〈겨울왕국 2(2019)〉

엘사는 부모님이 돌아가신 이유와 자신이 가진 마법의 능력에 대한 비밀을 알아내기 위해 모험을 떠난다. 엘사는 자신의 마법이 생기게 된 원천인 숲을 발견한다. 그곳에는 상처받고 멈춰진 시간 속에 고립되어 살아온 사람들이 있었다. 엘사는 그 숲을 회복시키고 그 숲에 남기로 한다. 그곳에서 진정한 자신의 정체성을 발휘하며 자유롭게 살아간다.

출처: 네이버 영화 홈페이지(https://movie.naver.com).

〈미운 오리 새끼(안데르센, 1843)〉

오리 새끼들 사이에서 다른 모습을 가진 미운 오리 새끼는, 주변의 차별과 괴롭힘에 시달리다 못해 집을 떠난다. 집을 나간 미운 오리 새끼는 여러 풍파를 만난다. 그렇게 겨울을 보내고 봄이 올 시점, 자기 몸이 커져 있는 것을 알게 된다. 그리고 물속에 비친 모습이 오리가 아닌 다른 모습인 것을 알아차린다. 그때 자신과 같은 모습을 한 백조들이 모여 있는 광경을 만나게 된다.

(3) 도전 이야기 활용, 가족연극치료

① **도전 이야기 듣기**: 도전과 관련된 이야기를 하나 정하여 연극심리상담사가 들려주거나, 참여자가 이야기해 본다.

② **이야기 속, 장애물 설치하기**: 이야기 속에서 발견한 장애물을 공간에 설치한다. 예를 들어, 추위, 배고픔, 시기라는 장애물이라고 한다면 그것을 의자, 천, 방석, 마스킹 테이프 등을 활용하여 공간 전체에 장애물을 설치하고 그 장애물에 이름을 지어 준다.

③ **장애물 통과에 필요한 지지 찾아보기**: 참여자는 주인공 역할을 맡아 그 장애물을 처리하고 통과하는 연극을 해 본다. 이때 어떤 지지가 필요한지 찾을 수 있도록 한다.

④ **소감 나누기**: 장애물 연극을 마친 후, 소감을 나눈다.

⑤ **나와 맞닿은 장애물 설정하고 설치하기**: 여러 장애물 중 자신과 맞닿은 장애물을 다시 설치하고, 현재 자신으로서 그 장

애물에 대응하는 세 가지 움직임과 소리를 찾고 반복적으로 시행해 본다.

⑥ **성찰하기**: 참여자는 성찰한 점, 해소된 점, 도전하기 위해서 무엇이 필요한지 등에 대해서 나눈다.

⑦ **과거 내가 도전했던 기억 찾고 강화하기**: 과거에 내가 도전했던 순간들을 찾아 내고 그것을 강화하는 작업이 필요하다. 이후 도전에 필요한 것을 강화하는 연극치료가 연속으로 진행되어야 한다.

4) 지지부진 캡슐, 기다림과 절제

지지부진이라는 단어만 들어도 큰 고구마를 한 입 가득 먹은 듯 답답함이 느껴진다. 결론부터 말하자면 이 지지부진함을 견뎌 보자는 것이다. 지지부진함도 하나의 과정이기 때문이다. 물론 지칠 수 있지만, 한계에 다다른 것 같아도 조금만 더 기다려 보자. 이 지지부진 안에는 기다림과 절제의 미덕이 있어야 한다. 기다림과 절제가 가능한 것은 용서와 화해를 원하는 마음이 있다는 증거이기도 하다.

때때로 지지부진함을 견디지 못하고 괜찮은 척, 미안한 척, 용서한 척하고 빠르게 상황을 넘기거나 덮는 경우가 있다. 하지만 이것은 진솔한 해소나 화해가 아니었기에 오래 가지 못한다. 결국 같은 문제가 교묘하게 가징으로 파고들 것이고, 더 복잡한 상황으로 발전하게 된다.

빠른 해결, 빠른 화해 물론 중요하다. 그러나 그것만이 능사가 아니다. 빠른 용서가 상대로 하여금 자신의 잘못을 제대로 인식하고 성찰하는 시간을 빼앗을 수도 있기 때문이다. 물론 상대에게 성찰의 시간을 주기 위한다는 명분하에 의도적으로 오랜 시간을 버티며 사과를 받아 주지 않는 것은 또 다른 문제이다. 이런 경우는 용서를 위한 것이 아니라 조용한 복수의 형태일 수 있다. 따라서 용서를 일부러 유예함으로써 오는 고통은 나와 상대 모두에게 부정적 영향을 미칠 수 있다. 그러므로 용서를 위한 기다림인지, 복수를 위한 기다림인지 구별할 필요가 있다.

단편적인 한 번의 사과로 상처가 회복되기는 어렵다. 사과했음에도 불구하고 상대방이 회복하는 데 시간이 오래 걸릴 수도 있다. 몇 번의 사과만으로 충분히 노력했다는 생각에 상대방이 사과를 받아 주지 않았다는 이유로 돌아선다면 그것은 진정한 사과도 진정한 노력도 아니다.

그러니 기다려 보는 것이 중요하다. 마음의 상처는 눈에 보이지 않기에 상대 상처의 크기와 깊이를 함부로 판단해서는 안 된다. 상대방은 내가 아니며, 나와는 완전히 다른 한 사람의 존재이다. 이런 기다림의 과정에서 나 자신을 돌아보고, 상대방을 생각하며, 서로를 이해해 가는 시간을 가지길 바란다. 이 시간을 통해 자신과 상대를 알아 가고 성장하는 모습을 기대해 보자.

(1) 저자의 지지부진 캡슐

결혼 당시, 나는 연극치료사로서 5년 차에 접어들며 이제 막

초년생을 벗어나고 있던 시점이었다. 직업이 아무리 연극치료사여도 부부가 되어 나의 일상에서 서로의 다름을 인정하고 받아들인다는 것은 말처럼 쉽지 않았다. 우리 부부는 각자 서툴렀지만, 자신의 방식이 서툴다고 인정하지 않았다. 익숙한 방식이 맞다고 생각하면서 상대방이 내가 해 왔던 것처럼 행동해 주기를 바랐다. 그동안 내가 해 왔던 삶의 방식대로 상대방도 똑같이 해 주기를 바라는 것이 이미 서툶의 시작이었음을 깨닫지 못했다. 우리 부부는 각자의 민낯을 드러내며 치열하게 다퉜고 길고도 긴 부부싸움이 시작되었다. 서로의 약점을 이해해 주길 바라면서도 약점이 드러나면 강점을 무기로 삼아 공격하기에 바빴다. 결국 강점을 강점으로 활용하지 못하고 서로를 상처 입혔고, 그로 인해 강점이 약점이 되어 버린 꼴이 되었다.

나의 원가족은 시끌벅적하고 각자 독립적인 성격으로 상황에 빠르게 대처하는 편이다. 이와 달리 남편의 원가족은 차분하고 진중한 분위기로 모든 것을 천천히 받아들이는 경향이 있다. 나는 이러한 차분함과 진중함의 분위기를 한편으로 원했기 때문에 처음에는 뭔가 괜찮게 느껴졌다. 하지만 결혼 후 남편의 진중함 때문에 숨 막히는 순간들이 있었다. 특히 중요한 결정을 해야 하는 순간에 남편은 아내인 나와 의견을 나누기보다 자신의 원가족과 상의해서 결정하는 일들도 잦았다. 이로 인해 나는 시댁의 의견이 나올 때까지 기다려야 했고, 이런 점은 부부 갈등의 씨앗이 되었다. 특히 부부관계에서의 갈등이 생길 때마다, 나는 이해보다는 비난과 원망이 마음속에서 솟아나기 시작했다. 이 때문에 결혼생활 초반 어려운 시기를 깊이 겪어야만 했다.

이렇게 미숙한 부부에게 더 큰 숙제가 주어졌다. 둘째가 선천성 질환을 가지고 태어나면서 더 깊은 문제에 봉착한 것이다. 애석하게도 우리 부부는 아이가 아프고 회복하는 연속의 과정에서 어느 날은 간절히 기도하는 마음으로 감사와 눈물로 하루하루를 살아갔다가, 또 어느 날은 서로를 할퀴고 비난하며 소리치며 살아갔는데 설상가상으로 시댁과의 관계까지 틀어졌다. 부부는 아픈 아이를 살리고 키우느라 예민함에 압도되어 서러움, 간절함에 휩싸였다가도 전사보다 더한 전투적인 모습을 보인 것이다. 우리 부부의 지지부진한 시간은 끝날 것 같지 않게 오래 갔고, 여러 이혼 위기에 처하기도 했다.

이렇게 우리는 서로 다른 문화 속에서 살아오다가 만나서 사랑하고 가정을 이루고 있다. 부부는 각자의 원가족에서 온 문화 차이로 때때로 또는 자주 문화충격에 빠지곤 한다. 나와 가정을 이룬 그 사람은 나와는 다른 분위기와 문화 속에서 살아왔다. 비슷한 분위기였다 할지라도 우리는 각자 다르게 대처하며 살아왔다는 것을 알아차리고 인정하기까지 수많은 시행착오를 겪게 된다. 내가 이 책을 쓴다고 해서 다양함과 다름에 대해 모든 것을 다 이해한다고 자부할 수 없다. 나 또한 여느 사람들처럼 하루하루의 삶을 통해 배워 가고 있다. 아직도 다름을 인정하지 못해 실수하는 때도 종종 있다. 그동안 다름을 틀림으로 해석하며 살아가는 데 너무 익숙해져 있었기 때문이다. 물론 틀림을 다름으로 해석하는 것도 문제가 될 수 있지만 말이다.

이제 우리 부부는 서로의 의견에 더욱 집중하려고 노력하고, 상대의 컨디션과 상태를 살피려고 애쓴다. 먼저 서로의 의견에 귀 기울이고, 함께 방향성을 결정한다. 이 가정에서 남편과 아내는 바로 너와 나인 것이다. 이 가정의 주체는 부부가 되어야만 한다. 가끔씩 남편과 아웅다웅하지만, 이제 나는 남편 덕분에 천천히 가는 법을 배우고, 남편은 아내 덕분에 조금 더 바지런히 대처하려고 노력하며 살아가고 있다. 물론 내가 모든 것에 빠르게 대처하는 건 아니다. 아내는 남편 앞에서만 빠르고, 남편은 아내 앞에서 느린 부부였던 것이다. 이제는 남편이 급해져 숨차기도 하고 내가 느려 답답할 때도 있다. 사실 이런 다양한 모습은 각자에게 이미 있었던 것이지만, 우리는 익숙한 것만을 생각하며 한쪽 면만 강화된 채로 살아왔던 것 같다.

여전히 내게는 기다림이 가장 어려운 것 같다. 하지만 돌아보면 같은 실수로 갈등이 반복되고 있는 것 같지만 미세하게나마 갈등의 강도가 줄어들고 갈등이 생겨나는 간격이 길어졌다는 것을 알 수 있다. 비슷한 문제이기 때문에 좋아지고 있다는 체감이 덜할 뿐이다. 그래서 '지겹다' '진절머리 난다' '징글징글하다'라는 말들이 습관적으로 나올 수도 있다. 이럴 때일수록 다시 호흡을 가라앉히고 가까이에서 보면 분명히 미세한 변화가 일어나고 있음을 느낄 수 있고, 그것을 인정하는 것이 중요하다. 이러한 변화가 느껴질 때마다 서로 언어와 스킨십으로 표현해 주면 그 확인이 더욱 의미 있게 다가올 수 있다. 이것은 나의 부부관계에서도 자주 있는 일이다.

(2) 이야기 속, 지지부진 캡슐

「선녀와 나무꾼 (한국 고전 신화, 작자 연대 미상)」

옛날 옛적 어느 날 '나무꾼'은 선녀들이 목욕하는 장면을 보게 된다. 나무꾼은 옷 하나를 훔친다. 선녀들이 목욕을 마치고 하나둘 하늘로 올라가려는데, 이때 옷을 입지 못해 하늘로 가지 못한 '선녀' 하나가 남는다. 나무꾼은 그 선녀와 결혼하게 된다. 선녀는 아이 셋을 낳으며 결혼생활을 유지한다. 그러던 어느 날 선녀는 나무꾼이 숨겨놓은 자신의 선녀 옷을 찾게 된다. 선녀는 그 옷을 입고 아이 셋을 데리고 지체 없이 하늘로 올라간다.

(3) 지지부진 이야기 활용, 가족연극치료

① 지지부진 이야기 듣기: 지지부진과 관련된 이야기를 하나 정하여 연극심리상담사가 들려주거나, 참여자가 이야기해 본다.

② 이야기 속, 지지부진한 장면 찾기

- 가장 답답하고 흐름이 막혀있는 듯한 장면을 찾아본다.
- 그 장면 속에 등장하는 역할들을 찾아보고, 역할들을 돌

아가면서 맡아 연극을 해 본다. 예를 들면, 달, 바위, 바람, 주인공, 주인공 외 인물 모두가 해당한다.

③ 소감 나누기: 연극을 해 본 소감과, 자신과 맞닿은 지점이 있는지 이야기를 나눈다.

④ 나의 삶 속 지지부진 찾아보기:

– 나의 삶 속에서의 지지부진한 장면을 찾아본다.

– 그 장면을 그대로 재연해 보며, 플레이 백 시어터 기법으로 진행해 본다. 플레이 백 시어터는 원래의 장면을 재연해 보고 다시 해 본다면 어떻게 바꾸고 싶은지에 대해 반복해서 진행하는 기법이다.

⑤ 성찰하기: 참여자는 지지부진의 이유를 성찰하고 해소된 점에 대한 소감을 나눈다.

5) 치유 캡슐, 눈물과 사랑

상처 또한 추억으로 자리 잡게 하려면 그 상처는 치료되고 돌봄을 받아야만 한다. 치료된 상처는 가장 밝은 빛을 발할 것이다. 물론 상처에 대한 응급치료는 즉각적으로 이루어져야 하지만, 그것이 아물고 재활이 가능해지기까지는 기다림과 인내의 시간이 필요하다.

서툴더라도 진심이 닿으면 치유가 일어난다. 그 진심이 닿기 위해서는 지혜가 필요하다. 가정은 이러한 지혜를 함께 고민하고, 생산하고, 연습하고, 전수하는 곳이다. 가정에서 배운 지혜는 그 어떤 서적이나 성인이 알려 준 지혜보다도 더 큰 힘을 발휘한다. 우리의 가정은 지혜를 생산하는 곳인지 스스로 반문해 볼 필요가 있다.

치유의 시작과 끝은 사랑이다. 사랑이 없는 치유는 이루어질 수 없으며, 시작조차 할 수 없다. 이 사랑은 내가 나를 사랑하는 것에서부터 시작된다. 내가 나를 아끼고 사랑하는 법을 깨달아야 나 자신을 대하는 방식에 익숙해지고 타인의 마음을 이해하며 상대의 언행을 오해 없이 받아들이고 해석할 수 있다. 부모로서 자녀를 더 잘 사랑하고 싶다면, 부부로서 서로를 더 사랑하고 싶다면, 자녀로서 부모와의 회복을 원한다면, 먼저 자신의 회복에 힘쓰는 것이 중요하다.

(1) 저자의 치유 캡슐

고등학생인 시절부터 기승을 부리기 시작한 나의 우울감은 20대가 되면서 매우 강력해졌다. 20대 초반에 데이트 폭력으로 인한 트라우마를 겪게 된 후 나는 우울감, 분노, 회의감에 휩싸여 현실을 제대로 살아가고 있다는 느낌을 거의 받지 못했다. 늘 이유도 모른 채 공허했고 허무했다. 나는 겉으로는 강해 보였으나 억울함이 화가 되어 굳은 표정으로 일관하거나, 갑자기 기분을 끌어올려 과장되게 표현하기도 했다. 극과극의 감정선을 넘나들다가 결국 자살사고까지 이르러 공허한 좀비처럼 하루하루를 버텼다.

그렇게 나는 망망대해를 표류하면서 등대를 간절히 찾고 있었고, 20대가 끝나갈 무렵 연극치료라는 것을 알게 됐다. 공허함의 끝에 다다라 있음과 동시에 내 인생에 제발 새로운 변화가 일어나기를 바랐다. 연극치료를 아는 순간 공식적으로는 연극치료를 배워서 사회생활에 활용하겠다고 했지만, 사실은 살고 싶다는 마음이 더 컸다. 살더라도 이전의 모습으로 살아가고 싶지 않았다. 연극치료를 통해 나는 내가 가진 상처의 모양, 색깔, 움직임, 소리를 느낄 수 있었다. 상처는 매우 두껍고 겹겹이 쌓여 있어 쉽게 회복되긴 어려웠지만, 수년에 걸쳐 나는 나의 상처와 마주하는 시간을 가졌다. 그 상처는 내가 알아 주기만을 오랫동안 기다리고 있었다. 고요한 시간 속에서 나 자신과 만나는 법을 조금씩 배우게 되었다.

특히 연극치료 수련생 시절부터 연극치료사가 된 후의 4~5년은 내게 정말 소중한 시간이었다. 처음 임상 실습생으로 시작해 보조 연극치료사, 주 연극치료사, 수련감독으로 거듭나면서 수많은 참여자와 그 가족이 변화하는 모습을 보고, 느끼고, 체험했다. 이 과정을 통해 나도 함께 치유되고 성장하고 회복할 수 있었다. 연극치료 현장은 내게 치유의 장이었다.

어느 순간, 나는 우리 가족을 바라보는 마음과 나의 언행이 달라져 있음을 깨달았다. 그동안 부모님이 나에게 보여 주신 언행 속에 얼마나 진하고 따뜻한 사랑이 담겨 있었는지를 알게 되었고, 자매들의 특별함도 이해하기 시작했다. 물론 우리 부모님과 우리 자매들도 얼마나 서툴렀는지 말로 다 하기 어려울 정도이다. 하지만 이제는 그 서툴렀던 언행의 이유와 상황을 이해하기 시작했고, 사과받고 싶은 부분에 대해서도 요구할 수 있었다. 이렇게 내가 가족의 진면모를 알아차리자 가족 전체가 나를 대하는 모습이 조금씩 변화하기 시작했다. 가족의 변화가 눈에 띄자 나의 상처 회복도 가속화되었다. 처음으로 내가 땅에 발을 딛고 살아가고 있다는 것이 느껴졌다. 이 회복은 서른이 넘어서 일어난 일들이며, 30대 전체에 걸쳐 계속되었다. 가족이 아닌 다른 사람들로부터 받은 상처와 트라우마 회복에도 큰 영향을 주었다.

그러면서 나는 부모님이 우리를 어떻게 키우셨는지, 그때는 왜 그랬는지 등 부모님의 마음과 생각이 궁금해졌다. 부모님의 연애사는 무엇인지, 부모님이 기억하는 나의 어린 시절과 자매들의 어린 시절은 어땠는지, 방을 두 칸이나 친척에게 내어 주고 우리 일곱 식구가 왜 한 방에서 자야만 했는지 등에 대해 부모님께 직접 듣고 싶었다. 내가 그동안 생각하고 느낀 대로가 아닌 부모님의 생각을 물어보고 들어보고 싶은 마음의 여유가 생겨났다. 부모님은 그 당시로 치면 매우 늦은 나이에 연애와 결혼을 했고, 아빠가 연애편지를 그렇게 잘 썼다고 한다. 가장 신기한 대목이었다. 우리 아빠가 그렇게 다정했다니 놀라웠다. 그리고 나는 너무 울보였다고 한다.

그리고 나에게 '살아남은 자'라는 신념을 가져다준 가족 이야기가 있다. 우리 원가족이 기적의 가족으로서 살아남았다고 말할 수 있는 이야기이다. 우리 부모님은 아이 셋을 낳고 역 앞에서 미용실과 이용원을 각각 운영하며 살고 있었는데, 1980년 5월 군

인들이 마을을 습격했다. 가게가 송정리역 앞에 있었기에 계엄군이 물밀듯이 몰려오고 진을 치는 걸 생생하게 목격했다고 한다. 어머니가 미용실에서 손님들의 머리를 손질하는 중에 머리맡으로 총알이 날아와 모두가 혼비백산하며 도망갔고, 아버지는 계엄군이 진을 친 공항 쪽에 시위하러 갔다가 총질에 쫓겨 모두가 도망가는 일이 있었는데, 운이 좋게 살아서 집으로 돌아왔다고 한다. 또한 동네 사람들은 청년들이 밥도 굶어 가며 시위하는 모습에 십시일반 쌀을 모아 주먹밥을 함께 만들어 나누어 주는 일도 있었다. 당시 어머니는 18개월도 안 된 나를 포대기로 업고 쌀을 들고 나갔다고 한다.

5 · 18로 인한 지옥 같은 시간이 지나고 계엄군이 물러난 후 전남대학교 앞으로 가 보니 도로며 길이며 바닥에 관이 넘쳐 나고 유족들의 울음소리가 하늘을 메웠다고 한다. 우리 부모님은 6 · 25 전쟁에서도, 이 같은 슬픔과 고통의 5 · 18 속에서도, 군사정권 아래서도 살아남았다. 그랬기에 현재 모습의 가족으로 거듭날 수 있었다고 생각한다. 이 내용은 우리 가족이 생명을 보장받은 동시에, 삶에 대한 감사를 잊지 않고 가진 것을 나누며 살아갈 수 있는 신념이 탄생한 이야기라고 생각한다.

우리 다섯 자매는 모두 한 번씩 가정을 이루었고 각 가정의 모습은 다양하고 다르다. 가정별로 배우자와의 이혼, 배우자와의 사별, 심각한 부부 갈등, 경제적 어려움, 자녀의 선천성 신체 질병, 자녀와의 단절, 자녀의 정서적 방황 등 여러 위기와 어려움을 겪었다. 그 과정에서 우리는 서로의 아픔을 나누고 힘과 위로가 되어 주며 함께 기도하는 끈끈한 자매애를 키워 왔다. 가족 안에서 겪는 상처와 어려움을 가족 간의 사랑과 도움으로 회복하는 과정을 생생하게 경험했고, 지금도 여전히 그 과정을 이어 가고 있다. 나는 우리 자매들의 가정만 살펴보아도 다양한 형태의 가정을 이해할 수 있으며, 각자의 삶에 경의를 표한다.

(2) 이야기 속, 치유 캡슐

〈인사이드 아웃 1(2015)〉

라일리는 아빠의 새 직장으로 인해 급작스러운 이사를 하게 된다. 새로운 학교에서 적응도 어렵고, 그전의 친구들과의 관계도 소원해지기 시작한다. 몰아치는 부정적 감정에 휩싸인 하루하루가 반복되고 라일리는 지칠 대로 지쳤다. 라일리는 이 모든 어려움이 엄마, 아빠 때문이라고 생각하여 부모에 대한 그녀의 원망은 계속 커진다. 가출을 감행한 뒤 고속버스에 탑승해 출발하려던 직전, 라일리에게 슬픔이 올라온다. 예전에 자신의 실패

출처: Pixar 공식 홈페이지(https://www.pixar.com/inside-out).

와 좌절로 인한 슬픔을 부모님과 공유하며 가족의 위로와 지지를 받았던 기억이 떠오른다. 그렇게 고속버스에서 급하게 내려 집으로 돌아간 라일리는 부모님의 따뜻한 위로를 받는다. 마침내 자신의 슬픔을 온전히 내놓는 것이다. 부모님은 라일리의 마음을 온전히 공감하며 함께 운다. 가족은 회복되고, 라일리는 한 뼘 성장한다.

(3) 치유 이야기 활용, 가족연극치료

① 치유 이야기 듣기: 치유와 관련된 이야기를 하나 정하여 연극심리상담사가 들려주거나, 참여자가 이야기해 본다.

② 이야기 속, 치유 연극해 보기: 이야기 속에서 가족과 관련된 내용을, 몇 장면으로 나누어 극 활동을 해 본다.

③ 인상 깊은 장면 조각상 작업 해 보기:
- 연극을 마친 후, 치유와 관련된 인상 깊었던 장면에 대해 나눈다.
- 가장 인상 깊은 장면을 조각상으로 표현하여, 그 지점을 온전히 느껴 본다.

③ 첫 번째 소감 나누기: 느껴진 점에 대해 소감을 나눈다.

④ 원하는 내 삶 속, 치유의 순간 찾아보기: 내 삶에서 원하는 치유의 순간을 상상해 보고, 연극이나 조각상으로 표현한다.

⑤ 두 번째 소감 나누기: 느껴진 점에 대해 소감을 나눈다.

⑥ 경험한 내 삶 속, 치유의 순간 찾아보기:
- 내 삶에서의 치유의 순간들이 있었음을 회상해 본다.

– 경험했던 치유의 순간에서 자신의 강점을 발견할 수 있도록, 그 순간을 확장하고 강화하는 작업이 필요하다.

⑦ **성찰하기**: 참여자는 성찰한 점과 해소된 점에 대해 나눈다.

제5장

5단계 가족연극치료

연극심리상담사로 임하는 동안 수많은 가정을 만나면서 발견한 공통점이 있다. 그것은 가정마다 귀한 사람들이 존재하고, 가정마다 서로에게 인정과 지지 그리고 사랑을 받기를 원하고 있다는 것이다. 가족끼리 서운해하고, 서러워하고, 억울해하고, 서글퍼하고, 걱정하고, 근심하고, 시기하고, 질투하고, 모르는 체하고, 화내며 상처를 주는 언행을 하고 있지만 그 이면에는 딱 한 가지의 욕구가 있다. 그것은 사랑이다. 사랑받고 사랑을 나누고 싶은 욕구이다. 가정에서 생기는 문제들은 결국 사랑이 제대로 채워지지 못해 일어나고 있는 일련의 일인 것이다. 우리는 내면에서든 외면에서든 움직임이든 소리든 침묵으로든 아우성친다. 사랑해 달라고. 사랑받고 싶다고.

사랑에는 여러 가지 형태가 있다. 사랑은 고마움, 칭찬, 지지, 응원, 이해, 공감, 그리움, 궁금함, 미안함, 용서, 신뢰, 기다림 등으로 표현되고 있다. 그런데 우리는 이러한 건강한 사랑보다는 질책, 평가, 비난, 힐난, 조롱, 무시, 외면, 소외, 감시, 의심 등의 착각된 사랑, 변질된 사랑에 휩싸여 무질서한 감정을 표출하고 있다. 그것은 사랑이 아니다. 그것은 폭력이다. 우리는 이것을 잘 알지 못한다. 혹은 알면서도 모른 채 있을 수도 있다. 또한 친절한 폭력, 조용한 폭력을 행사하며 자신은 폭력을 행사하는 것이 아니라고 자부하고 있을 수도 있다.

물론 우리가 그것을 알아차리고 마음을 먹고 노력할지라도 한없이 서툴 수 있다. 우리는 미약한 인간임을 인정하면서 서툴지만 행하도록 용기를 내 보고, 서툴더라도 노력해 보는 것이 필요하다. 그것이 유연함으로 한 걸음씩 나아가는 것 아닐까? 인간에게 완벽함이 존재할 수 없듯이, 우리가 그리는 완벽한 가족이란 없다. 어느 가정이든 실수 연발, 미숙함, 서툶을 안고 있다. 단, 그것에 어떻게 대응하며 임하는지의 차이일 것이다.

가족 안에서 그 단 한 가지의 욕구이자 감정인 '사랑'을 알아차리고 그것이 실현되기 위해서는 단계별 치료과정이 필요하다. 그렇게 나는 가족연극치료의 단계 설정이 필요하다 판단하여 5단계의 과정을 세우고 이를 대입하는 사례를 시행 및 연구해 보았다.

5단계의 과정에서 내가 말하고자 하는 가족치료는 상대를 이해하는 것이 먼저가 아니라 나를 먼저 이해하고 나를 먼저 치유하는 것이다. 이는 나만의 것을 주장하는 등의 흔히 생각하는 개인주의나 이기적인 것과는 차이가 있다. 나에 대한 이해와 내가 나를 바라보는 시선이 사랑으로 변화되는 것이 선행되어야 함을 의미한다. 그래야만 상대에 대해 진실한 행위가 나올 수 있으며, 그것이 나를 속이지 않는 것이다. 나를 속이며 상대를 이해하는 척하는 것은 언젠가 깊은 고립과 거대한 갈등의 포문을 열게 된다. 나와의 화해가 이루어지고 나의 욕구를 건강하게 조율하는 힘을 찾고 상대를 어디까지 허용할 수 있는지를 알아차리는 것이 우선이다. 그럴 때 비로소 상대도 나의 행위의 진심을 느끼고 온전히 받아들일 수 있다. 내가 나를 존중하는 힘으로 상대를 존중하는 언행이 연결되기를 바라는 마음으로 가족연극치료의 5단계가 다음과 같이 설정되었다. 이 5단계를 대입한 두 가지 사례는 부녀와 부부로, 자세한 사례는 제3부에서 만날 수 있다. 5단계 가족연극치료는 8~10회기 정도 진행하지만, 경우에 따라서는 그 이상으로 진행될 수도 있다.

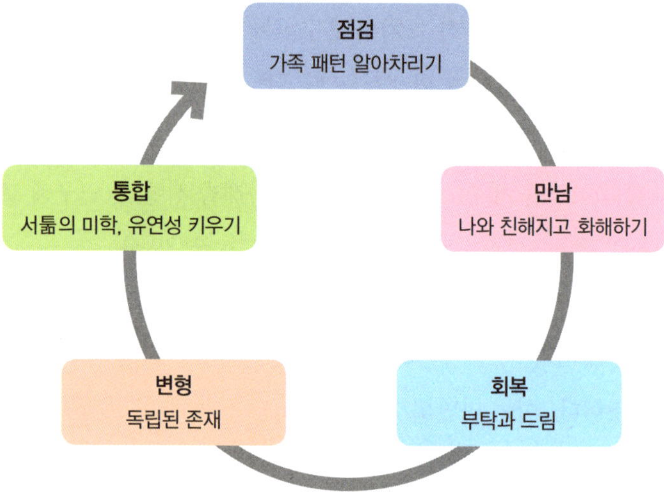

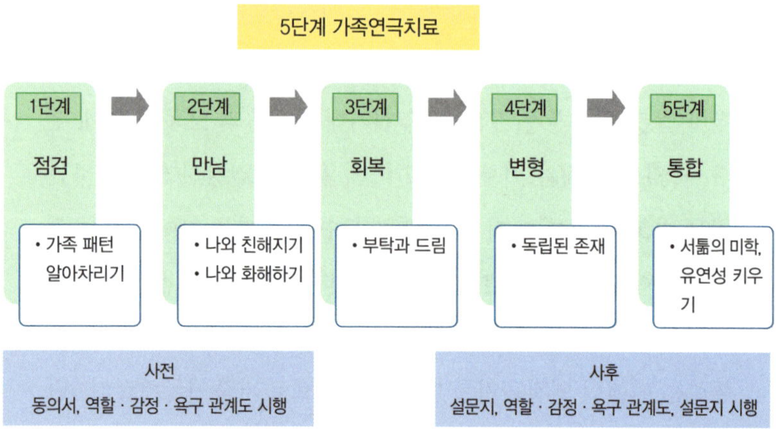

1단계에 들어가기에 앞서 과정에 진솔한 마음으로 임하겠다는 관련 동의서 작성과 사전 진단도구를 시행하는 것을 권장한다. 이 사례를 위해 내가 고안한 '역할 · 감정 · 욕구 관계도'를 활용하여 사전 · 사후 변화에 대해 점검했다. 〈표 5-1〉은 단계별로 시행된 5단계 가족연극치료 흐름을 한눈에 볼 수 있게 정리한 표이다.

<표 5-1> 5단계 가족연극치료 과정

사전	비대면	치료사 소개, 참여자의 의뢰 사유 듣기 가족연극치료 취지 및 과정 안내 참여자 사전정보지 작성 및 제출
	대면	가족연극치료 단계별 설명, 상담 윤리 동의서 작성 사전정보지 공유, 역할 · 욕구 · 감정 관계도 기록
1단계	**점검: 가족 패턴 알아차리기**	
	• 가족 이미지 관계도 • 나의 인생길 작업 – 조각상 작업으로 나의 욕구 알아차리기 – 가족의 인생길 마난 보기 • 나의 욕구, 상대의 욕구 점검	
2단계	**만남: 나와 친해지고 화해하기**	
	• 변형 움직임 • 나에게 함부로 한 것 점검 : 움직이고, 사유하고, 기록하고, 공표하고, 움직이기 –공간 산책을 통해 내가 좋아하는 것, 싫어하는 것, 원하는 것, 두려워하는 것 탐색 • 나와의 만남과 화해: 의자 기법	

(표 계속)

<table>
<tr><td rowspan="2">3단계</td><td>회복: 부탁과 드림</td></tr>
<tr><td>• 내가 상대에게 어떻게 부탁했는지 점검
• 상대가 내게 어떻게 부탁했는지 점검
• 내가 가진 것을 드리고, 상대에게 부탁하는 법 연습</td></tr>
<tr><td rowspan="2">4단계</td><td>변형: 독립된 존재</td></tr>
<tr><td>• 공간 작업
– 나의 심리적 공간 만들고 느끼기
– 상대의 공간 경험하기
– 나의 공간 변형하고 느끼기
– 변형된 상대의 공간 경험하기
– 나의 공간 바라보기
• 스스로 할 수 있는 것 점검, SOS 청하기</td></tr>
<tr><td rowspan="2">5단계</td><td>통합: 서툶의 미학, 유연성 키우기</td></tr>
<tr><td>• 나의 이야기 만들기(다섯 문장 이내)
• A안: 나의 이야기 + 너의 이야기 통합극 만들기 → 가족극 발표
• B안: 나의 이야기 극 만들기 → 개인극 발표 → 미래 가족 즉흥극</td></tr>
<tr><td>사후</td><td>사후 설문지, 역할 · 욕구 · 감정 관계도 기록</td></tr>
</table>

1 1단계 점검: 가족 패턴 알아차리기

가족이 지금까지 어떤 패턴으로 살아왔는지, 가정 안에서 가족별 개인에게 일어나는 상황에 대해 어떻게 반응하고 대응하며 지내 왔는지를 알아차릴 필요가 있다. 이를 위해 본인이 생각하는 가족 이미지 관계도를 그려 내고 자신의 인생길을 공간 전체에 설치한다.

가족 이미지 관계도에는 나를 중심으로 가족 간의 어떤 관계성을 가졌는지가 나타난다. 이는 심리적 관계도이며 이를 통해 내가 가족이라는 공동체 안에서 어떻게 자리 잡고 있는지 알아차릴 수 있다. 종이의 전체 면은 내가 생각하는 가족과 관련된 가족 세상이다. 나를 포함해 각 가족 일원마다의 이미지, 크기, 위치를 생각하며 그림을 그린다. 우선 나의 위치를 정해서 그린다. 내가 가족 세상에서 중앙, 사방 모서리, 상하좌우 등 어디에 위치하는지를 생각한다. 그리고 다른 가족들이 나와 얼마나 가까이 있거나 떨어져 있는지를 생각하고 이미지, 크기, 위치와 거리를 정해서 그린다. 나의 위치가 잘 떠오르지 않고 어떤 특정 가족이 먼저 떠오른다면 먼저 표현해도 무방하다. 이를 통해 참여자가 생각하는 가족관계와 각자의 성향 및 특성을 알 수 있다. 이미지는 기호, 자연물, 동물, 색깔, 사물 등 무엇이든 가능하다. 가족 일원 모두가 가족 이미지 관계도를 그려 냈다면, 그것을 공유함으로써 각자가 생각하는 가족관계에 대해 알 수 있다.

이것은 그림으로만 그치지 않고 그려 낸 것을 공간에 비슷하게 설치할 수 있다. 각 역할 구역마다 들어가 그 역할로 있어 보며 몸으로 느껴 볼 수 있다. 또한 각 역할의 이미지대로 의상이나 소품을 들고 조각상 구도로 서서 느껴지는 생각과 마음 상태를 주고받는 식으로도 연결할 수 있다. 연결한 뒤에는 내가 또는 상대가 어떻게 변하면 좋을지에 대한 소망을 연출해 볼 수도 있다. 여러 가지로 활용되어 가족관계를 파악하고 주로 쟁점이 되는 패턴을 점검할 수 있다.

가족 이미지 관계도

나의 인생길 작업은 연극치료실 공간 전체를 활용하여 이루어진다. 인생길을 만들어 나갈 때는 출생이 시작이고 현재가 마무리이다. 현재의 지점을 점검한 이후, 마무리 단계에서 미래 작업이 이루어진다. 소망하는 미래의 길을 만들 수도 있다. 인생길은 인생에서 중요한 지점들을 피규어나 여러 가지 소품을 통해 표시해 가며 만들 수 있다. 생물학적 나이로 가장 먼저 태어난 가족의 연장자부터 인생길을 시작한다. 아직 태어나지 않은 가족은 자신이 출생한 시간이 나올 때까지 기다린다. 연장자가 인생길을 먼저 만들어 나가다가 다른 가족이 태어난 시점이 되면 그 가족은 그때부터 인생길을 시작하면 된다. 이는 나이로 상하관계를 나누려고 하는 것이 아닌, 시간별 인생의 흐름을 마주하며 인간관계에서의 삶에 대한 기본적인 존중감을 가지기 위함이다. 또한 이것은 곧 나의 인생길이지만 이 작업을 통해 가족은 나와 동시간대를 살아간다는 것을 느낄 수 있다.

'나의 인생길 작업'의 순서를 소개한다.

① **나의 인생길 만들기**: 나의 인생길을 만들어 낸다. 유의미한 시간마다 피규어로 표현한다. 출생의 연장자별로 시작하며, 가족 일원의 출생 시점이 나오면 모두 기다리고 바라봐 준다(준비물: 마스킹 테이프, 털실, 피규어 등).

② **나와 가족의 인생길 바라보기**: 나의 인생길을 모두 만들어 냈다면 떨어져서 자신의 인생길과 가족의 인생길을 바라본다.

③ **인생길 설명하기**: 자신의 인생길을 설명하며 공유한다.

④ **인생길 걷기**: 길 위를 걷는 작업을 최소 세 번 정도 반복한다. 세 번의 걷기 모두 연장자가 먼저 시작한다. 연대별 출생자가 나와서 준비하는 것을 기다리는 것, 현재의 시점에 도착했을 때 지나온 자신의 인생길을 바라보는 것, 모든 가족이 현재의 시점에 도착할 때까지 기다려 주는 것을 필수

로 한다.

- 첫 번째 걷기: 천천히 걸으며 지점마다의 상태와 감정 가볍게 느껴 보기
- 두 번째 걷기: 지점마다 무엇이 필요했는지, 어떤 힘으로 이 시기를 지나왔는지 상기하고 느껴 보기
- 세 번째 걷기: 지점마다의 상태, 감정, 욕구를 조각상으로 표현해 보고 적절한 한마디 말 찾기

⑤ **가족의 인생길 걸어 보기**: 가족의 인생길은 현장의 역동에 따라 1~3번 정도 걸을 수 있다.

⑥ **소감 나누기**: 나의 인생길과 가족의 인생길을 동시에 진행하면서 느껴진 소감을 나눈다.

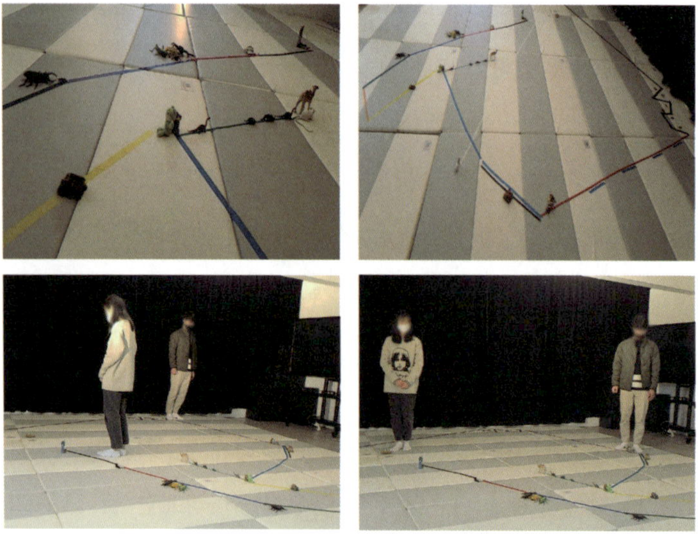

나의 인생길 작업

욕구 점검은 인생길 작업을 마무리하면서 나의 욕구와 상대의 욕구를 점검하고 공유하는 것으로 연결할 수 있다. 내가 원하는 것과 상대가 원하는 것의 공통점과 차이점은 무엇인지, 내가 알고 있는 것과 새롭게 알게 된 것은 무엇인지 등에 대해서 나눔할 수 있다. 다음 시간까지 나와 상대의 욕구에 대해 알아차린 부분을 좀 더 유념하며 지내도록 한다.

2 2단계 만남: 나와 친해지고 화해하기

가족상담, 가족치료라고 하면 흔히 상대를 이해하고 상대에 맞추는 것이 먼저라고 여길 수 있다. 그렇게 되면 나의 상처는 회복되지 못한 채, 가정 속 역할을 잘 해내야만 한다는 강박감에 시달릴 수 있다. 조부모, 아빠, 엄마, 아내, 남편, 며느리, 사위, 장녀, 아들, 딸로서 각자의 역할에 최선을 다하느라 자신을 돌보지 못했거나, 역할이 부담스러워 회피하거나, 역할에 대해 감을 잡지 못해 좌충우돌하느라 어려움에 처한 자신과의 만남을 가지는 것이 필요하다. 그것을 모른척하고 있었거나, 잘하고 있다고 착각하고 있었거나, 못하고 있다고 자책하고 있는 자신을 마주할 시간이 필요한 것이다. 나와의 대화를 시작할 물꼬를 트기 위해서는 자기에게 노크할 수 있는 용기가 생길 지지적 환경이 필요하다. 나와의 만남을 기대하길 바라며 편견 없이 내가 나의 모습을 온전히 바라볼 수 있도록 나에게 기회를 허락해 보자. 따라서 5단계 가족치료에서 2단계가 가장 중요한 단계라고 할 수 있다.

나와의 만남을 위해 **의자 기법**으로 접근한다. 의자 기법이 시작되기 전에 반복과 의식을 통한 **변형 움직임**을 통해 나의 감각을 깨우고 가족 간의 소통의 문을 열도록 돕는다. 이후 **공간 산책**을 통해 내가 좋아하는 것, 싫어하는 것, 원하는 것, 두려워하는 것에 대해 탐색한다. 이것을 기반으로 의자 두 개를 활용하여 빈 의자에 앉아 있는 상상의 자신을 마주하고 앉는다. 자신과 자신의 거리는 본인이 정한다. 첫 번째로, 빈 의자에 앉은 자신을 바라보며 조금 전에 탐색했던 내용을 토대로 생각나는 말을 하기 시작한다. 두 번째로, 의자를 바꿔 앉아 방금 말한 자신에게 화답한다. 마지막으로, 다시 첫 의자로 돌아와 앉아 마무리한다.

1) 변형 움직임

연극치료 과정에서 경험하는 창조적인 몸의 변형 경험은 신체와 감각의 회복뿐 아니라 굳어진 마음의 가소성을 회복시킬 수 있으며, 마음의 상처나 깊은 외상으로 인해 변질되고 망가뜨려진 개인의 신념을 온전히 부활시킬 수 있다. 그러기 위해서는 창조적인 몸의 형성이 필요하다. 창조적인 몸이란 참여자가 자신의 몸 상태를 제대로 인식하고 상황에 유연하게 대처할 수 있는 몸이라 할 수 있다. 창조적인 몸의 형성을 위해서는 낯선 움직임을 통해 새로운 감각을 깨우고 움직임을 창조해 내도록 반복적으로 시행하는 것이 필요하다. 하여 나는 이를 '변형 움직임'이라고 명명하여 진행하고 있다.

변형 움직임은 감각 회복에 초점을 맞춘다. 모두가 원의 형태로 자리하고 음악에 맞춰 천천히 리듬을 타고 움직인다. 움직이는 과정에서 자신의 몸 상태에 집중하고 이를 인식한다. 이후 매 회기 특정하게 제시된 주제를 중심으로 한 명이 움직임을 시작하면 집단원이 이를 따른다. 이렇게 서로가 서로의 동작을 모방하면서 오는 역동에서 집단의 신뢰감과 공감대가 형성된다. 그리고 움직임에서 찾은 소리와 말을 더하여 표현하고, 그것 또한 집단 전체가 다시 모방한다. 처음에는 소리와 말을 찾기 어려워 침묵으로 움직이는 경우도 있으나 신체 표현과 집단의 모방이 반복되면 자연스럽게 소리와 말이 표현되고 이를 바탕으로 내적 욕구가 반영되어 움직임이 다시 변형되는 것을 경험하게 된다. 내적 욕구와 그것이 반영된 몸의 움직임을 온전히 느끼기 위해서는 움직임과 호흡이 끊어지지 않도록 주의하는 것이 필요하다. 이때 욕구와 몸의 움직임에서 역할을 찾고 명명하게 된다. 어떤 경우에는 처음에 힘없는 움직임과 연결된 무기력한 자라는 역할의 움직임을 하던 것이 점점 신체에 힘이 생기고 활기찬 움직임으로 바뀌며 힘이 생긴 자라는 역할의 움직임으로 변형되기도 하고, 역으로 힘 있는 자의 움직임을 하다가 점점 힘을 풀어가며 평안한 자의 움직임으로 변형될 수도 있다(김미희, 2022).

여기에서 회기별 가족 간에 다루어야 할 주제에 맞추어 변형 움직임을 진행한다. 음악은 그 주제에 맞는 음악을 선정하거나, 참여자가 음악을 고를 수 있다. 변형 움직임을 통해 개인의 몸의 감각을 깨우고 확장하는 것도 가능하며, 가족 간의 소통을 깨울 수 있는 효과까지 가져다줄 수 있다. 변형 움직임은 매 회기의 문을 열거나 마무리 단계에서의 의식 같은 활동으로 사용하여도 좋고, 이 활동 전체에 사용하며 확장시킬 수도 있다.

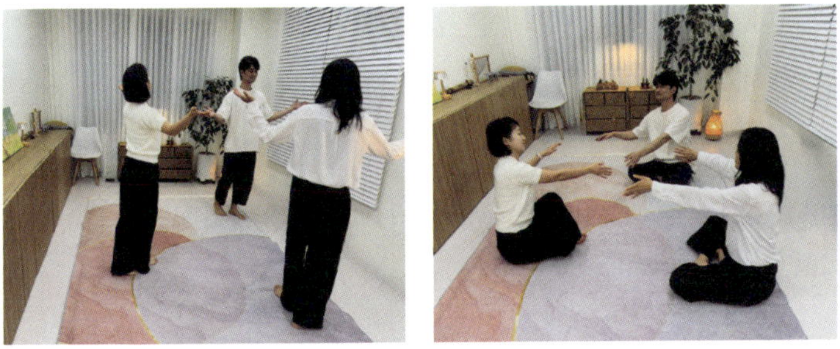

변형 움직임

2) 나에게 함부로 한 것 점검

변형 움직임으로 감각을 깨운 후라서 나의 감정과 욕구에 대한 알아차림에 속도가 붙을 수 있다. 변형 움직임을 마무리하며 그대로 이어서 **공간을 산책**한다. 공간은 내가 가장 편안하게 느낄 수 있는 그 어느 곳을 상상하고 그곳을 산책한다고 상상하며 진행한다. 상상이 어려울 시 치료실 자체로 설정해도 된다. 산책하다가 멈춰 서고 싶으면 잠시 멈추고, 무언가가 보이면 그것을 감상해도 되며, 벤치나 어딘가에 앉아 쉬는 상상을 그대로 표현해도 된다. 공간은 열려 있으며 상상하는 그 모든 것이 가능하다. 짧은 산책이 이루어진 후 네 가지 주제에 맞는 사유를 하며 산책이 이어진다. 내가 좋아하는 것과 싫어하는 것은 무엇인지, 내가 원하는 것과 두려워하는 것은 무엇인지에 관한 것이다. 그것을 찾으면 종이에 기록한다. 자유롭게 산책과 기록을 번갈아 가며 해도 된다.

다음으로, 작성한 것을 가족에게 설명하며 공유하는 시간을 가진다. 여기서 다른 가족은 참여자의 설명에 개입하거나 의견을 말할 수 없으며, 참여자가 설명하는 것만 들을 수 있다. 예를 들면, 아내가 "나는 이런 것을 좋아해."라고 했을 경우에 남편이 "아니잖아. 당신 그거 싫어하잖아."라고 하거나 아들이 "난 이런 게 두려워."라고 했을 경우에 엄마가 "아닌데. 너 그거 잘하던데."라고 할 수 없다. 이러한 이유는 상대의 말을 있는 그대로 '듣는' 연습을 하는 것과 함께 자신의 생각을 다른 개입 없이 '온전히 표현'해 보는 경험을 하기 위함이다. 이를 통해 자기 자신에게 집중하는 동시에, 타인을 이해하는 연습이 가능해진다.

이 작업이 필요한 또 하나의 이유는 내가 나를 위해서 할 수 있는 게 무엇인지를 점검하기 위함이다. 그것이 무엇인지 모른 채 헛물을 켜고 있었던 건 아닌지 알게 되기도 한다. 나를 위한 것을 명확히 알아차리고, 그것이 이루어지기 위해서 내가 나에게 해 줄 수 있는 것과 가족의 도움이 필요하다면 도움을 요청해야 하는 것을 구별할 줄 알아야 한다. 내가 할 수 있는 것과 가족에게 도움을 구해야 할 것이 구별만 되어도 내가 어떻게 있어야 할지를 알게 된다. 놀랍게도 이 활동을 통해 그간 자신에게 함부로 했던 것들이 드러나며 스스로에게 미안한 마음이 들기 시작한다. 그리고 앞으로 무엇을 어떻게 해야 할지에 대한 방법들이 떠오르기 시작한다.

이것은 그 누구의 개입 없이 스스로 찾은 것들이기에 주체적이다. 주체성은 무너지지 않으려는 유연한 힘을 길러 주며, 이는 자조 능력의 향상으로 이어진다. 이 목적을 위해 변형 움직임으로 감각을 깨우고 공간을 산책하며 움직이고, 사유하고, 기록하고, 공표함으로써 진정 나를 위한 움직임이 가능해지는 밑바탕이 될 수 있다.

공간 산책

사유하기

기록하기

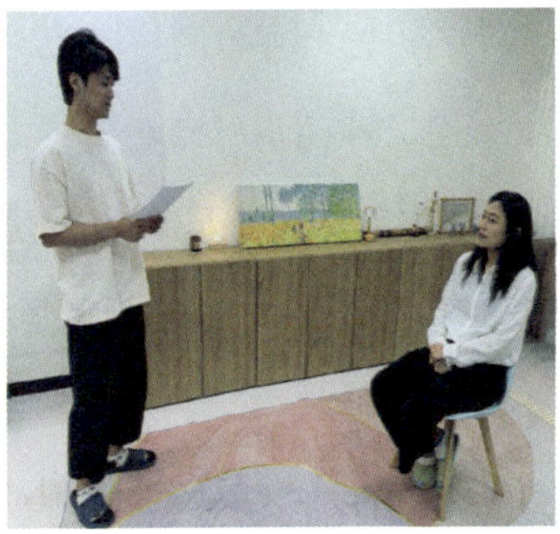

공표하기

3) 나와의 만남과 화해

나에 대해 알아차리고 기록한 것을 바탕으로 나를 만나 보기로 한다. 내가 좋아하는 것을 내가 나에게 어느 정도 해 주려고 노력했는지, 내가 싫어하는 것을 내가 나에게 못 하도록 애써 주었는지, 내가 원하는 것을 할 수 있도록 내가 나를 지지해 주었는지, 내가 두려워하는 것에 대해 견뎌 보려고 고군분투할 때 나에게 적절한 위로나 격려해 주었는지를 알아보는 만남의 시간이다. 나는 의자 2개를 활용하여 진행했다. 나를 '외면의 나'와 '내면의 나'로 구별하여, 외면의 내가 앉는 의자를 '본 의자'라고 하고, 내면의 내가 앉는 의자를 '빈 의자'로 설정해서 진행하겠다. 대역을 세우지 않고, 참여자가 혼자서 진행한다.

① 2개의 나 의자 마주하기: 내면의 나를 상징하는 빈 의자와 외면의 내가 앉을 본 의자를 서로 마주하게 놓는다. 마주하는 거리는 너무 가깝지 않도록 상대의 앉은 모습 전체가 보일 정도의 거리로 놓는다.

② 서로의 상태와 모습 상상으로 느껴 보기

- 외면의 내가 본 의자에 앉는다. 빈 의자에 앉아 있는 내면의 나를 상상으로 바라본다. 빈 의자에 앉아 있는 상상의 내면의 나는 어떤 느낌, 어떤 정서 상태, 어떤 표정인지 느껴본다.
- 내면의 내가 빈 의자에 앉는다. 본 의자에 앉아 있는 외면의 나를 상상으로 바라본다. 본 의자에 앉아 있는 상상의 외면의 나는 어떤 느낌, 어떤 정서 상태, 어떤 표정인지 느껴본다.

③ 내게 하는 말 들어보기

- 외면의 내가 본 의자에 앉는다. 빈 의자에 앉은 상상의 내

면의 내가, 외면의 나에게 무슨 말을 하는지 듣는다. 듣기만 한다.

- 내면의 내가 빈 의자에 앉는다. 본 의자에 앉은 상상의 외면의 내가, 내면의 나에게 무슨 말을 하는지 듣는다. 듣기만 한다.

④ 듣고 화답하기

- 본 의자에 외면의 내가 앉는다. 빈 의자에 앉은 상상의 내면의 내가 하는 말을 다시 듣고, 외면의 내가 화답한다.
- 빈 의자에 내면의 내가 앉는다. 본 의자에 앉은 상상의 외면의 내가 말을 다시 듣고, 내면의 내가 화답한다.

⑤ 나와 자유롭게 대화하기: 마지막으로 외면의 내가 본 의자에 앉는다. 내면의 나와 외면 내가 서로 대화한다. 이때는 빈 의자와 본 의자를 자유롭게 왔다 갔다 해도 되고, 한 의자에만 앉아서 진행해도 된다. 이때 비로소 나와 화해하고, 진정한 나와 깊이 연결될 수 있다.

나와의 만남

3 3단계 회복: 부탁과 드림

나는 회복을 부탁과 드림이라고 했다. 회복은 소통이 이루어질 때 가능하다. 3단계에서 나는 가족에게 어떻게 부탁했는지와 가족은 내게 어떻게 부탁했는지 점검함으로써 부탁이 아닌 다른 무엇이었는지를 알아보고 부탁하는 연습을 하는 단계이다. 2단계에서는 자신의 것에 집중했다면, 3단계에서는 가족 일원인 상대에게 집중하는 시간이다. 3단계를 통해 나의 욕구를 타인에게 건강하게 부탁하고, 내가 가진 것을 타인에게 나눌 수 있도록 연습하고 실행해 볼 수 있다. 상대가 나의 욕구를 채워 줘야만 내가 가진 것을 나눌 수 있는 것은 아니다. 나의 욕구를 차분히 정당하게 말할 수 있는 것 자체에 의미가 있는 것이다. 여기에서 가족 간의 사과와 용서 등에 대한 생각을 나눌 수 있으며, 사과는 이루어지되 용서까지는 아직 마음의 준비가 안 됐다고 알리는 순간이 될 수도 있다.

나는 여기서 '요구'가 아닌 '부탁'으로, '주기'가 아닌 '드림'으로 표현하고 있다. 그 이유는 '요구'는 무조건 해 줘야 한다는 의미가 들어가 있고, '부탁'은 상대가 들어줄 수도 있고 들어주지 않을 수도 있음을 인지하는 것이며, 여기에 정중함이 따라와야 하기 때문이다. 또한 '주기'가 아닌 '드림'으로 사용하는 의미는 상대에게 나누는 것에 대해 으스대는 것이 아니라 내가 가진 것일지라도 정중하게 줘야 함을 시사하기 위함이다.

여기에서 말하는 내가 가진 것은 내면의 자원을 뜻한다. 내가 가진 자원은 마음껏 나눈다 해도 사라지지 않는다. 그것은 사용되고 나눌수록 더 윤활해지고 더 풍성해지는 특징이 있다. 자원 자체가 나이기 때문이다. 내가 가진 자원은 심리 · 정서적 유산으로 물려받은 것일 확률이 높다. 그렇다면 내가 가진 것도 거저 가진 것이니 마음껏 나누어도 아깝지 않으며, 나눌 수 있다면 기분 좋게 넉넉히 베푸는 건 어떨까? 나이가 어린 사람이라고 할지라도 정중하게 사랑을 담아서 주자. 상대를 존중하는 것은 나눌 때도 나타난다.

부탁이 이루어지고 상대의 자원을 받는 것이 당연한 건 아니다. 이것은 사실 정성이 들어가 있는 배려이자 사랑이다. 이에 감사함을 잊어서는 안 될 것이다. 상대가 부탁을 들어주려 함께 조율하고 자신의 것을 대가 없이 준 것임을 기억해야 할 것이다. 이렇게 소통이 이루어지며 회복으로 한 걸음 나아갈 수 있다.

부탁과 드림 작업을 위해 그간 가족과의 대화를 평소 어떤 식으로 주고받았는지 확인한다. 이 단계의 목적은 '요구와 주기'로 한 건 아닌지 확인하고, 요구하고 주는 것이 아니라 '부탁과 드림'이 이루어지도록 하는 것이다. 이는 일상에서 내가 원하는 것을 부탁할 때 어떤 방법으로 했고, 상대는 어떻게 대응했는지 등에 대해 실제 상황을 재연해 보며 확인하고 점검한다. 실제 상황극이지만 즉흥극으로 이루어진다.

이것을 실행했던 사례에서 놀라웠던 점은 상대와 대화할 때 평상시의 대화 패턴이 아닌 곧바로 '부탁과 드림'의 대화법이 가능한 경우들이 있었다는 것이다. 이것은 2단계 자신과의 만남에서 자기와의 대화, 자기와의 화해가 촉진되었기에 가능했다.

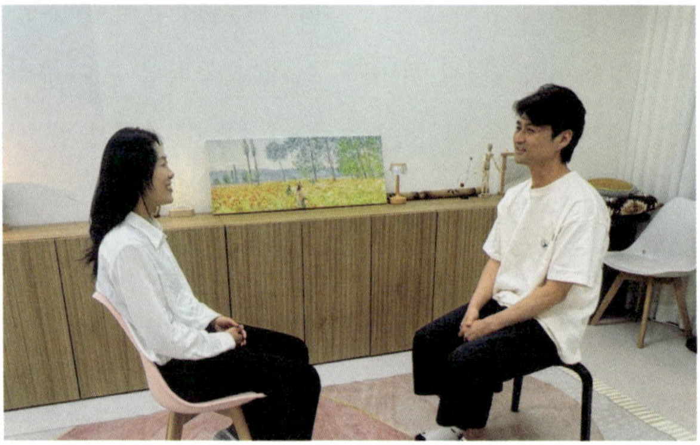

대화: 부탁과 드림

4 4단계 변형: 독립된 존재

독립이 이루어지면서 변형의 힘도 강화된다. 변형이 가능하다는 것은 곧 독립할 수 있음을 뜻하기도 한다. 변형이 이루어진다는 것은 한 사람의 존재감이 인정받는 순간이며, 그것은 타인을 통한 인정뿐만이 아니라 자신이 자신의 변형을 인정해 주는 것의 시작이기도 하다. 누군가에 의한, 누구로 인한 삶은 꼭두각시처럼 변형을 꿈꾸지 못하는 갇힌 삶이 된다. 타인을 내 맘대로 할 수 있다고 내 맘대로 하겠다는 것은 통제하는 자신도, 통제받는 상대에게도 변형이라곤 찾아볼 수 없게 되는 것이다. 변형의 가능함은 자율성, 창의성, 주도성 등의 회복이다. 이는 곧 심리적 독립에 한 걸음 나아가는 것이다. 앞선 세 단계의 과정(점검, 만남, 회복)을 통해 자립심과 자율성은 서서히 성장하고 있다. 성장하고 있음을 확인하고 강화하는 시간이 4단계이다.

4단계에서는 이것을 **공간으로 접근**한다. 여기에서 공간은 자신의 심리적 공간이다. 첫째, 나의 심리적 공간을 입체화하여 자신의 현재 심리적 공간을 만든 다음 거리를 두고 객관화하는 시간을 갖는다. 공간을 만들어 낸 후 공간 밖에서 여러 각도와 거리에서 바라보고, 공간에 들어가 느껴 본다. 둘째, 가족이 만든 공간으로 가서 상대의 허락을 받아 여러 각도와 거리에서 보고, 상대의 공간에 들어가 느껴 본다. 상대의 공간 속에 있으면서 상대가 내 공간에 들어가 있는 모습을 본다. 셋째, 다시 내 공간으로 가서 내 공간 밖에서 내 공간을 바라본다. 내 공간을 어떻게 변형시키고 싶은지 생각하고 바꿔 본다. 변형된 공간에서 다시 순서대로, '변형된 내 공간 밖에서 바라보기'와 '변형된 내 공간에 들어가 보기'를 진행한다. 넷째, '변형된 상대의 공간 밖에서 바라보기'와 '변형된 상대의 공간에 들어가기'를 진행하고, 마지막으로, '내 공간과 가장 먼 거리에서 내 공간 바라보기'로 마무리한다. 이 활동을 하면서 몸으로만 느끼는 것이 아니라 말이나 소리로 표현하도록 하는데, 이는 순간마다 느껴지는 대로 나오는 말을 찾아보고 소리 내어 대사처럼 뱉어 내는 것이 계속 포함된다.

내 공간에 상대를 허용하는 것은 잘 되었는지, 상대의 공간 안에 있을 때 괜찮았는지를 살핀다. 물론 내 공간이 내게 적당한지에 대한 점검이 이루어져야 한다. 몸을 통해 나의 심리적 공간을 탐색하는 것은 입체화된 작업이자 신체로 경험하기에 몸이 기억하게 된다. 몸이 기억한다는 것은 지면으로만, 머리로만 아는 것과 차이가 매우 크다. 몸이 기억하는 경우엔 나의 심리 · 정서적 컨디션이 어떠냐와 무관하게 상황에 맞게 움직여질 수 있다. 그래서 몸이 기억할 수 있는 건강한 소통 방식을 익히기 위해 더욱 노력해야 한다.

자신의 심리적 공간이 안정적으로 확보되고 상대를 내 공간에 초대할 수 있다면, 이는 내면의 힘 또한 성장했다는 증거이다. 건강한 욕구와 의지가 생겨나고, 스스로 할 수 있는 일이 떠오르며,

때로는 상대에게 SOS를 요청할 수 있는 용기도 생긴다. 도움을 요청할 수 있다는 것은 건강함의 기준이기도 하다. 스스로 할 수 있는 것은 무엇인지, 상대에게 무엇을 부탁해야 할지 고민하고 실행하는 연습이 이루어져야 한다.

나의 공간

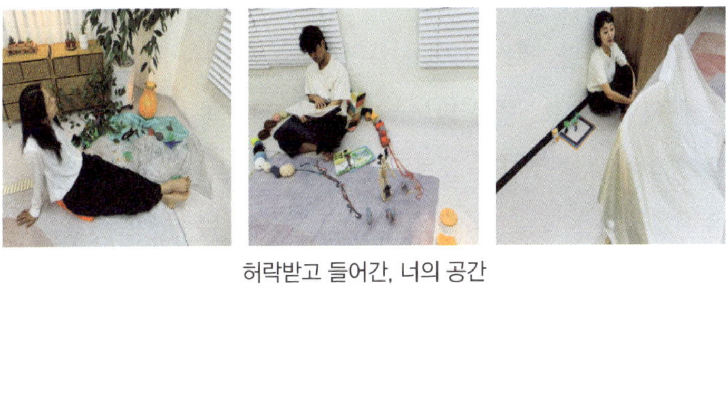

허락받고 들어간, 너의 공간

5 5단계 통합: 서툶의 미학, 유연성 키우기

부모라고 해서, 배우자라고 해서 완벽할 수 없다. 그들도 부모인 게 처음이며 배우자가 된 것도 처음이다. 물론 부모나 누군가의 배우자가 되어 본 적이 있다고 할지라도 상대가 다르고, 나의 문제 패턴을 알아차리지 못하고 변화가 없는 상황이라면 다시 처음이 되는 것이다. 우리는 상대의 서툶은 참으로 잘 발견한다.

상대의 미숙함을 왜 그렇게 잘도 찾아내는 걸까? 이 또한 물려받은 유산일까? 또는 못하는 것에만 집중된 인생에 적응되어 버린 병폐일까? 나도 서툴다는 것을 인정한다면 우리는 미학을 발견할 수 있는 귀한 찬스를 얻게 될 것이다. 나도 서툴고 당신도 서툴기에 우리 함께 스텝을 맞춰 춤을 추는 것이 어떨까? 함께 춤을 추다 발을 밟을 수도, 스텝이 꼬일 수도, 턴을 하며 중심이 흔들릴 수도 있다. 당신과 내가 가정이라는 무대 위에서 리듬과 템포를 맞춰 가며 스텝을 밟는 그림이다. 서툶의 미학을 발견하면 유연성이 생길 것이며 완벽함만을 원한다면 파국이 될 것이다. 유연함이란 서툶을 인정하는 것이다. 서툴다는 것을 서로 인정하고 받아들이고 한 걸음 더 노력하는 것이 서툶의 미학이다.

5단계에서는 지금까지의 자신을 돌아보며 자기 이야기를 다섯 문장 이내로 만들고 연극으로 연결되도록 접근한다. 연극 진행 시내 이야기를 상대 이야기와 통합해 **가족극**으로 할지, 자기 이야기로만 **개인 연극**을 진행한 후 원하는 미래를 가족과 함께 **미래 즉흥극**으로 할지 선택하여 이루어진다. 이 사례에서 부녀는 두 사람의 이야기를 통합한 가족극으로 이루어졌고, 부부는 개인극 후 원하는 미래 즉흥극을 함께 하는 것으로 진행되었다.

자기 이야기 다섯 문장 이내 만들기

가족극

제3부
경험하기
완벽한 가족보다 유연한 가족으로 한 걸음

완벽한 가족보다 유연한 가족으로 한 걸음

제3부 '경험하기'에서는 5단계 가족연극치료 모델을 대입함으로써 유연한 가족으로 성장 될 수 있음을 증명한다. 5단계를 적용하여 가족 간의 문제 해소와 소통에 긍정적인 변화를 가져다줬음은 물론이거니와 개인의 회복까지 가능했음을 확인할 수 있다. 이는, REN을 사전 · 사후로 사용해 변화도가 확인되었으며, 참여자마다 긍정적인 회복 과정을 살펴볼 수 있다.

제6장 '닮아서 미안하고 닮아서 애틋한 부녀'의 사례는 5단계 가족연극치료 중에서 3단계와 4단계를 공개한다. 이 사례는 가족 전체가 참여해서 진행된 사례가 아닌, 갈등 위주의 가족이 참여해 진행되었다. 가족치료는 가족 모두가 참여하는 것이 가장 이상적이지만 현대사회에서 모든 가족이 참여하기란 쉽지 않다. 가족 모두가 모이는 것을 기다리다 상담이 불발되거나 골든타임을 놓치는 경우도 종종 있다. 가족 간 갈등과 어려움이 있는 사람끼리 또는 문제를 먼저 인식한 사람부터 상담을 시작하는 것 또한 가족치료라고 생각한다. 본 사례는 딸의 문제로 시작되었으나, 아빠가 자기 문제를 인식하게 되면서 개인의 회복이 가족의 회복까지 연결됨을 알 수 있는 장이다.

제7장 '달라서 불편하고 달라서 의지하는 부부'의 사례는 5단계 가족연극치료 전체의 과정을 공개한다. 부부는 서로가 그토록 달라서 힘들다고 아우성쳤지만, 따뜻한 말 한 마디, 소소한 인정을 원했다는 것을 알아차린 순간 회복은 물밀듯이 다가왔다. 겉으로 달라서 힘들었지만 결국 원하는 것은 같았다. 사랑과 지지였다. 이 장에서는 서툰 역할끼리의 다름과 같음을 알게 되고, 내가 원하는 것을 상대도 원한다는 것을 알고 표현하는 것이 유연한 가족으로 되어 가는 회복의 열쇠임을 알 수 있다.

제6장

닮아서 미안하고 닮아서 애틋한 부녀

1 아빠와 딸 이야기

40대인 아빠 재준은 아내와 함께 예술인과 예술 강사를 병행하고 있다. 6학년 딸 유민은 사춘기에 접어들기 시작했고, 동생 3명을 두고 있다. 이 가정은 둘째가 선천성 질병이 있는데, 그로 인해 전원이 좋은 경기도 외곽으로 이사했다. 첫째와 둘째의 터울이 있지만, 둘째가 선천성 질환을 가지고 태어나면서 첫째인 유민이는 강한 책임감과 동시에 소외감을 경험하는 중 사춘기를 맞이했다. 부녀가 5단계 가족연극치료를 거치며, 특히 '3단계 회복: 부탁과 드림'에서 대화 기법과, '4단계 변형: 독립된 존재'에서의 공간 작업을 통해 관계의 변화가 확연히 일어나 3~4단계를 공유한다.

아빠 재준

평일엔 일을 하느라 바쁘며, 주말에는 교회 부서의 주 담당자로 열심히 임하고 있어 평일보다 바쁜 주말을 보내고 있어요. 저녁 시간을 보내고 아이들 잠자리 준비와 재우는 부분에서는 저는 두 딸을, 아내는 두 아들을 돌보는 것에 집중하고 있어요. 아들들이 아직 어려 엄마의 손이 더 필요하기도 해서요. 저는 이것저것 모든 것에 열심히 하고는 있지만 최근 힘에 부치는 느낌을 받고 있고, 대가족을 이끄는 것에 무거운 책임감을 느끼고 있어요. 그래도 제가 가장이기에 이것을 아이들에게 크게 드러내려 하지 않으려고 노력하고 있어요. 아내에게 시시콜콜 말하는 편이지만 아내는 아내대로 바쁘고 여유가 없어서 온전한 대화가 이루어지지 못하고 있어요. 그리고 아내도 지쳐 있을 거니까, 제 어려움을 계속 들어주는 것에 대한 피로감을 느끼고 있긴 해요. 저는 자녀들에게 엄한 편이고 질서와 위계를 잡아야 하는 것을 중요하게 생각하고 있어요. 그래서 무게감을 가지고 임하고 있어요. 그런데 제 가치관으로는 첫째 딸 유민이의 과잉 언행이 너무 낯설고 심각한 문제를 가진 것 같아 걱정이 정말 커요. 특히 스트레스에 취약한데, 친구관계에 휘둘리고 크게 영향을 받고 있어서 여러모로 학교생활에서 친구관계나 사회성에 대한 염려가 크답니다.

딸 유민

서울에서 시골로 이사 왔을 때 사실 저는 무서웠어요. 밤엔 너무 깜깜하고, 조용하고, 자려고 하면 창밖의 나무가 귀신처럼 보여서 정말 무서웠어요. 그리고 초등학생이 되었는데, 학교가 워낙 작아서 한 학년에 한 반밖에 없었어요. 여학생이 나 포함해서 딱 2명이었어요. 그래서 여자끼리 서로 절친이 됐어요. 소희라는 친구는 리더십이 있고 말투가 세긴 했어요. 지금 생각하면 제가 끌려다닌 것 같아요……. 그러다 소희가 다른 학교로 전학을 갔는데, 저 혼자만 여자여서 너무 힘들어서 매일매일 울면서 부모님께 전학 가고 싶다고 했어요. 그런데 전학을 반대하셨고, 전학을 허락받기까지 한 학기 동안 너무 힘든 시간을 보냈어요. 이때 이야기를 하면 아직도 그때로 돌아간 것 같아서 힘들어요.

유민이는 과거에 전학을 간절히 원했다고 말하면서부터 눈물을 계속 보였다. 그토록 힘들게 새 학교로 전학을 가서 정말 잘 지내고 있었는데, 6학년이 되자마자 예전 절친이었던 소희가 유민이의 학교로 전학을 왔다. 최근 문제는 여기에서 시작되었다.

소희와 같은 반이 되진 않았으나 소희는 자기 반 친구들과 어울려 놀려고 하지 않고, 유민의 반 친구들 무리에 들어와 놀았으며, 그곳에서 주도권을 잡았다. 소희가 주도해서 무리를 데리고 가버리거나, 소희의 의견대로 계획이 변경되는 일이 허다해졌다. 소희의 등장으로 유민이가 그동안 쌓았던 친구들의 관계가 모두 깨지는 것 같고, 친구들은 자신을 멀리하고 소희만 따르는 것 같고, 소희는 유민의 마음을 전혀 살피지 않은 채 힘을 오용하며 활개를 치고 다니고 있다.

이때부터 유민이는 밖에서는 괜찮은 척 참고 있다가 집에 돌아와서는 폭언, 소리 지름, 하소연, 떼쓰기 등을 퍼붓기 시작한다. 그리고 동생들은 언젠가부터 안중에도 없었으며, 방에도 혼자 있고 싶어 아무도 들어오지 못하게 방문을 닫는다거나 한다. 부모님은 동생들을 살피고 같이 놀라고 하지만 이제는 전혀 수준도 맞지 않아서 놀 수도 없다. 그런데도 부모님은 유민이가 동생들을 계속해서 돌보며 챙기고 함께 놀기를 원하고 있어서 상당히 힘들다. 부모님은 유민이의 의견을 잘 받아 주지 않는다. 유민이가 얼마나 힘든지를 몰라준다. 유민이의 의견은 없고, 늘 누군가에게 맞춰야만 하는 것이 힘들다. 유민이는 이 모든 말들을 쏟아 내면서도 아픈 둘째 동생으로 인한 고충은 전혀 언급하지 않았다.

2 가족연극치료 3~4단계

1) 3단계 회복: 부탁과 드림

(1) 상대에게 어떻게 부탁했는지 점검: 가족 대화

아빠: 집에 와서 적어도 밥 먹을 때, 또 이렇게 온 가족이 다 있을 때가 좀 너무 없잖아. 그래서 이제 사실 엄마랑 아빠는 너의 눈치를 많이 본단 말이야. 물론 너의 이유도 있지. 그렇게 방문을 닫는 이유, 이제 다 이해 못 하는 것은 아니지만 적어도……. 왜 그러냐면 그때 엄마와 아빠의 생각은 문을 닫고, 혹시 뭐 열심히 공부하는 것이 아니라 다른 걸 하고 있지 않나, 또 뭐 핸드폰을 보고 있지 않나, 이런 생각들이 드니까 문을 열라고 하는 거야. 네가 밖으로 나왔으면 더 좋겠고……. 밥을 같이 먹거나 또는 시간을 같이 보낼 수 있으니까. 근데 이제 문을 닫으니, 그게 뭐랄까, 답답하고, 그리고 가끔은 화가 나지만 심하게 표출할 수는 없기 때문에 그런 거지. 그래서 문을 열었으면 좋겠어.

딸: 문을 열면 동생들을 봐 줘야 하고, 보다 보면 동생들끼리 싸우거나……. 아니면 합세해서 크게 싸워서 난 동생들 싸움을 말리다 내 시간은 다 쓰게 돼……. 나만의 시간이 없고, 계속 동생들 때문에…….

아빠: 그래, 아니, 그러니까 그걸 이해를 못 하는 게 아니고……. 다 이해

를 하는데……. 사실 그게 어떤 전적이 있잖아. 문을 닫으면 닫고 할 일을 해야 하는데……. 다른 걸 한다든지 하는 그 전적……. 그런 것들이 좀 쌓이고 쌓이면 엄마, 아빠가 당연히 그거에 대해 합리적인 의심을 할 수가 있단 말이지.

딸: 그러면 CCTV를 다는 것이 어때? 내 방에다가.

아빠: 아니. CCTV를 놓거나 하고 싶지 않아. 그러니까 너의 어떤 시간이나 공간을 당연히 허락하고 존중하는데, 엄마와 아빠가 원하는 시간…… 그 순간…… 그럴 때는 그렇게 했으면 좋겠는 거지. 그리고 이제 한 가지를 더 말하면, 밥을 먹는 시간에 다 같이 먹는데 네가 늦게 나온단 말이야. 네가 할 일을 하거나, 너의 시간을 보내느라고. 그럼 엄마는 또 밥을 한 번 더 차려야 되고, 그게 이제 반복이 된단 말이지. 그래서 이렇게 생각하는 거야. 방문을 좀 열어 줬으면 좋겠는데, 엄마랑 아빠가 이렇게 같이 했으면 하는 그 시간만큼은 이제 같이 좀 해 줬으면 좋겠다 그거지.

딸: 알겠어, 문 열어 볼게.

(딸은 아빠의 긴말로 인한 설득에 대해 조율보다는 알겠다는 식으로만 말했다.)

아빠: 그러니까 적어도 방문을 닫을 때는 왜 닫는지, 그리고 또 유민이 네가 어떤 걸 하고 싶은지 어떤 시간을 보내고 싶은지를 엄마랑 하고 아빠한테 얘기해 주면 그것을 존중할 수 있는 준비가 엄마랑 아빠는 돼 있다는 거지. 그래서 그렇게 해 줬으면 좋겠어. 근데 그게 아니거나 또는 (혼자 있는) 그런 시간이 길어지면…… 또 가족이 다 같이 있어야 하는 (밥 먹거나 하는) 시간에는 너와 동생들하고 뭔가 시간을 보내고 싶은데…… 어떻게 보면 그 시간을 네가 너 스스로 이렇게 차단하고 있는 거잖아.

(2) 부탁과 드림 대화법 연습

보조역할을 맡은 자는 참여자 어깨의 사선 뒤편에서 각 역할의 보조를 이어 갔다. 보조역할에는 주치료사와 보조치료사 2명이 적절히 투입되어 진행되었다. 보조역할은 참여자가 하는 본 역할의 상황에 맞는 감정과 욕구가 발현되도록 도와준다.

아빠 보조: 나는 너를 존중하고 싶어. 엄마랑 아빠랑. 그런데 문을 닫고 방에 있으면 네가 예전에 문 닫고 스마트폰을 본다거나 했던 것들이 있기 때문에 '혹시 지금도 그러고 있지 않나' 하는 마음도 있어. 또 하나는 가족들끼리 모두 모여서 밥을 먹거나 그렇게 할 때는 같이 이렇게 먹었으면 좋겠는데, 그런 것들에 대해서 네가 엄마와 아빠의 마음을 좀 이렇게 잘 들어주고…… 네 생각이 어떤지 알고 싶어. 나는 지금 너한테 일방적으로 얘기하는 게 아니라 네 생각이 어떤지도 보면서 그 부분을 좀 얘기하고 들어 보고 싶어.

딸 보조: 나는 열세 살, 사춘기가 시작될 수도 있는 나이라고 생각해. 이제 나에게는 방문 닫고 혼자서 그림 그리고, 글씨 쓰고, 친구들이랑 스마트폰으로 소통하는 그 시간이 나한테 되게 되게 소중해. 그 시간이 나를 키워 가는 시간인데, 집에는 동생들이 너무 많아서 그 시간이 전적으로 부족해. 학교 가고, 학원 갔다 오고, 뭐 하고 나면 남은 시간이 나한테 제일 소중한데, 그 시간이 나한테 없거든. 그래서 내가 그 시간을 조금 가지려고 했던 거야. 엄마, 아빠랑 소통하고 동생들이랑 같이 지내는 시간도 필요하고 중요해. 하지만 이제는 내 시간도 중요해지기 시작했어. 그걸 조금만 알아 줬으면 좋겠어.

아빠: 다 맞네요. 이제 그런 생각은 좀 있는 것 같아요. 제가 아빠로서 이렇게 얘기하고 이제 평소에 표현했던 것들이 일방적이지 않다고 생각하는데, 반대로 유민이 입장에서는 일방적으로 느껴졌을 수도

있겠다는 것을 지금 딸 보조역할의 말을 통해 느꼈어요. (아빠는 보조역할들이 하는 말을 듣고 자기 고백하듯이 자신의 알아차림을 말했다.)

아빠 보조: 그래서 생각해 봤는데, 너의 그런 프라이버시 개인 시간이 필요하고, 그 시간이 성장에도 굉장히 도움이 된다는 데에는 아빠도 동의해. 그래서 그런 것을 또 존중해 주고 싶어. 그러면 이렇게 해 보면 어떨까 하는 생각이 들었어. 어떤 시간에는 네가 꼭 나와서 가족들하고 같이 보내면 좋겠다는 제안이야. 그리고 나머지 시간은 엄마, 아빠가 괜히 이렇게 기웃거리거나 문을 좀 열어 달라고 그러거나 하지 않도록. 우리가 함께하자고 약속된 시간만 정해지면 나머지 시간은 너만의 시간으로 보내면 어떨까?

딸: 나도 그렇게 하고 싶어. 공부할 때는 문을 닫고, 밥 먹을 때는 열고, 그럴게…….

아빠: 우선 공부하는 시간은 이제 당연히 문을 닫고, 너만의 시간으로 보낼 수 있게 하는 것은 엄마, 아빠도 당연히 동의해. 밥 먹을 때 나와서 같이 가족들과 보내는 것도 평소에 꾸준히 얘기를 한 부분이야. 그리고 또 유민이가 그렇게 얘기를 해 주니까 어떨 때는 문을 닫고, 어떨 때는 문을 열고 같이 가족들하고 있어야 하는지를 상황에 맞게 하고 싶다는 어떤 생각이 있는 것 같아. 그래서 이것을 엄마와 같이 얘기를 좀 더 구체적으로 해서 정하면 될 것 같다. 지금은 아빠와만 이렇게 대화해서, 엄마는 직접적으로 들은 게 아니기 때문에 엄마랑 이렇게 셋이 모여서 대화하고 정했으면 좋겠어.

딸: 좋아요.

(3) 부탁과 드림 정리, 합의점 찾기

① 아빠 재준의 부탁과 드림

부탁

- 딸에게 방문을 닫고 생활하지 않기를 부탁했다.
- 추가로 가족 전체에게 가족 여행을, 아내에게 산책을 부탁하겠다고 했다.

드림

- 딸이 방문을 항상 여는 것이 아니라 언제 여닫을지를, 딸이 원할 때 합의하여 방문을 닫는 것으로 받아들였다.
- 유민에게 두려움을 넘어 공포감을 오랫동안 촉발시켰던 시기에 대해 사과하기로 했다. 유민이 어린 시절의 어느 날 저녁에 유민이가 곤히 잠들어 혼자 집에 두고 온 가족이 모임에 갔었다고 한다. 그러던 중 유민이가 잠에서 깼는데 혼자였고, 깜깜한 집과 어두워진 밖을 보고 무섭고 놀라서 가족들이 모여 있을 그 모임장소로 맨발로 뛰어갔던 일이었다. 그 이후로 밤을 무서워하고 창밖에 비치는 나무 그림자를 귀신을 자주 느낀다고 했다. 그 당시의 공포감이 매우 컸을 것으로 예상되어, 치료사가 이 부분에 대해 부모가 사과해 주기를 부탁했다. 아빠는 이 일에 대해 다시 상기시키는 것이 아이를 더 힘들게 하는 것 같아서 그 말을 꺼내지 않았다고 했다. 그러나 오히려 제대로 사과하는 것이 좋겠다는 것을 받아들였고, 엄마와 함께 정식으로 사과하겠다고 했다. 그리고 또다시 무언가가 귀신같다고 느껴지면 부모와 손을 잡고 그곳 근처로 가서 확인하는 것도 방법이라고 알려 주었다.

② 딸 유민의 부탁과 드림

부탁

- 나의 시간을 확보하도록 도와주기를 부탁했다.
- 아빠와 단둘이 냉면 먹고 싶다고 부탁했다.

드림

- 동생들에게 함부로 하지 않고 지내 보기를 받아들였다.

(4) 나눔과 마무리

- **아빠 재준:** 본인이 그동안 해 왔던 문제해결 방식이 정해져 있어서 머리로는 알겠는데 잘 받아들여지지 않는 내면의 갈등이 일어나고 있다고 했다. 자신의 틀을 못 깨고 있는 스스로를 알아차리며, 그 때문에 괴로움을 표하기도 했다. 익숙한 방식이 있었기에 새로운 방식을 쓰는 것이 어색했는데, 오히려 대화가 되는 것이 신기하다고 했다. 치료사는 부탁하고 합의하고 조율하는 것에 대한 새로운 시도로 인한 어색함이며, 자신 안에서 갈등이 일어나는 것은 단지 불편함만 있는 것이 아니라 스스로도 변화를 원하고 있다는 신호임을 받아들여야 한다고 알렸다.

  가족끼리의 끈끈한 유대감을 원하며 이 목표가 너무 단단하고 높기에 가족들에게 다소 강압적으로 요구하는 상황이 연출되고 있다. 평소 아버지에게서 보았던 강압적인 태도와 가깝게 지내는 지인의 완벽주의 성향이 재준을 힘들게 하지만, 자신 또한 그러한 형태로 가족에게 행하고 있음을 알아차릴 필요가 있다. 이 지점이 스스로 발견될 때마다 추가로 따라오는 죄책감을 침묵으로 일관하는 패턴이 있다. 자신의 문제해결 방식의 틀이 이와 같은 패턴이었음을 인정하고, 유연한 해결방식을 받아들일 필요가 있다. 딸과의 대화에서 부탁과 드림이 이루어졌음을 기억해야 할 것이다.

- **딸 유민:** 상상하는 부분이 조금 낯설었지만 재밌었다고 했다. 자신의 의견이 받아들여지는 부분과, 부모의 사과가 있을 것이라는 기대감이 유민이의 위축된 마음에 빛을 가져다주었다. 유민은 세 명의 동생보다는 엄마, 아빠와 소통하고 상호작용하는 것, 그리고 개인의 시간을 가지고 싶은 욕구가 큰 상태이다. 본인의 세계관과 가치관을 정립하는 나이가 시작됐기에 동생들을 돌보는 것보다 나에게 집중하고 싶은 욕구가 커지는 것은 정상적인 발달 과정이다. 이에 대해 불필요한 자책감을 느끼지 않도록 조율하는 것이 필요해 보인다.

2) 4단계 변형: 독립된 존재

아빠 재준은 지난 상담 이후 여러 가지를 경험하고 있다고 했다. 지난 3단계에서 딸과의 일상적인 대화를 한 것이 좋았다고 하며, 그동안 그런 일상적인 대화를 못 했음에 대해 알아차렸다고 했다. 또한 자신이 좋아하는 것, 원하는 것에 대해 정확하게 인식하고 이를 해 보려는 움직임이 시작되고 있다고 했다. 특히 딸이 방문을 닫을 때 자신이 무엇 때문에 문을 닫는지 말한 것이 신기했고, 그때 아쉬운 건 자신이 단순하게 반응한 것이라고 하며 처음 있는 일이라서 어떻게 반응해야 할지 몰랐다고 했다. 이 부분에 대해서는 이야기해 줘서 고맙다는 말과 함께 훨씬 반가운 표정을 지으면 된다고 알려 주었다.

또한 최근 완벽주의자 성향의 리더로 인한 스트레스가 높은데, 이에 대해 저항이나 자기 의견을 내고 싶어도 못 하는 자신과 치열한 싸움을 하며 지냈다고 했다. 반대 의견도 내고 싶고 조율하고 싶기도 하지만, 리더이기에 의견을 내지 못하고 있음에 대해 싫으면서도 두렵다고 했다. 기존에 지내 왔던 습관과 사고방식 때문에 일상에서의 변화까지는 쉽게 깨기는 힘들었다고 했다. 그러면서 이제는 내가 싫어하고 두려워하는 것이 무엇인지 실생활에서 문제 인식을 직면하기 시작했다고 하며, 전과 다르게 반응하려고 생각하게 되는 시간을 가졌다고 했다. 그러나 머리로는 알겠는데 잘되지 않아 마음이 불편해지면서 머리가 아프거나 한 번씩 명치가 아프기도 하다고 했다. 재준의 이러한 상태는 정상적인 불편함이었고 신체화로도 발현되었다. 치료사는 재준의 이러한 현 상태를 알리며 안심시켰고, 스스로는 생경한 경험이라 당황스러웠을 거라고 공감해 주었다. 그리고, 자신의 틀을 깨는 부분에 입문했음에 축하를 보냈다. 재준은 이 내용에 대해 말하면서 그 모습과 말투가 무겁지 않았고, 어린아이가 이런 저런 말을 즐겁게 재잘거리듯이 표현했으며, 가벼운 느낌과 행복한 표정으로 나눔을 해 준 것이 특이점이었다.

딸 유민은 어렸을 적 잠든 자신을 혼자 두고 나갔던 점에 대한 부모님의 사과를 받은 것이 가장 기억에 남았고 좋았다고 했다. 그리고 여기에 오기 전과 마친 후에 아빠와 단둘이서 보내는 시간도 좋다고 했다. 그러면서 아빠가 했던 말에도 하나하나 귀 기울여 들으며 고개를 들고 눈을 마주치거나 고개를 끄덕이는 등 반응하는 모습들이 달라져 있었다. 이렇게 부녀는 평안하고 설레는 느낌을 가진 채 4단계를 시작했다.

(1) 나의 공간 만들기, 공간 변형하기: 한 문장의 말을 찾아 해 보기

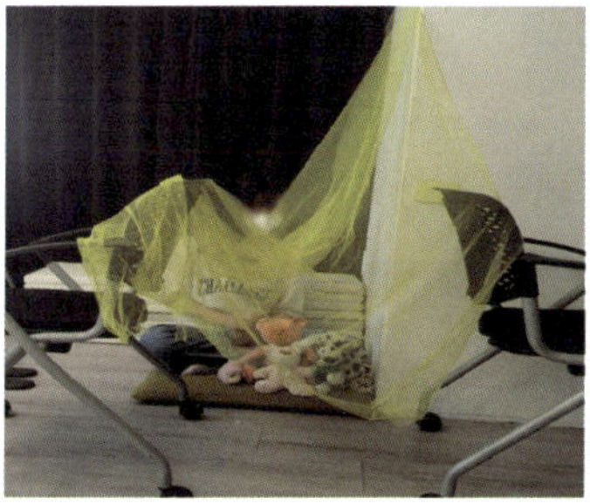

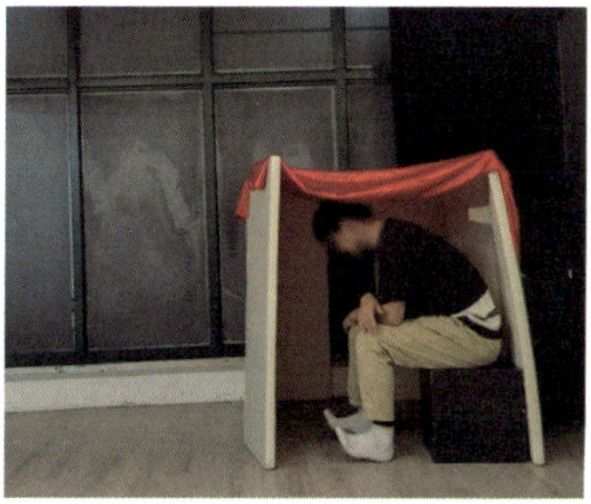

아빠: (공간 안에 있는 가면이 곧 갇혀 있는 자신 같다는 의미) 가면도 이렇게 들고 나갈 수 있어요. 완전히 들어가 있지만은 않고, 항상 그렇게만은 안 하는 것 같아요. 기분은 별로 안 좋습니다. 불편한데, 사실은 바깥이 더 편한 것 같아요. 바깥이 더 편한데, 여기가 편할 줄 알고 여기 왔는데 바깥이 더 편한 것 같아요.

딸: 데려오고 싶다! (강아지 입양에 대한 소망)

(2) 상대의 공간 느끼기: 상대의 공간에서 상대를 말해 보기

변형 전: 내 공간에 상대가 들어와 있는 느낌

아빠: (공간이) 별로 안 좋아 보여서 딸이 내 방에서 빨리 나오고 저 방을 허물고 싶어요.

딸: 아빠가 내 방에 있으니 (아빠가) 버럭이에서 기쁨이로 느껴져서 좋아 보여요.

(3) 나의 공간 변형하기, 상대의 공간 방문하기

변형 후: 내 공간에 상대가 들어와 있는 느낌과 상대 공간에 들어간 느낌

아빠: 딸의 공간에 가서 있어 보면서 편안해지는 느낌이 생겨 신기했어요. 꼭 반려견이 아니어도 딸이 뭔가를 채우고 싶어 하는 것을 느꼈고, 제가 채워 주고 싶다는 생각이 드네요. 나의 공간을 바라보면 잘 모르겠고, 답답하고, 미해결과 끝없는 싸움이 느껴지면서 명치가 아파요.

딸: 변형 전 아빠 공간은 뭔가 무서웠지만, 변형된 공간은 괜찮아요.

변형하는 데 필요한 것(포스트잇으로 공간에 붙임)

- 아빠
  - 포스트잇: '편해지자' '편해지자.'
  - 공간을 향해 한마디 하기: "아니요, 그냥 그렇게 하겠습니다."
- 딸
  - 포스트잇: '인정' '간절'

    인정: 아직은 동생도 있어서 지금은 키우기 어렵다고 인정

    간절: 그래도 키우고 싶은 간절한 마음
  - 공간을 향해 한마디 하기: "그래도 나중에는 꼭 키워야지."

3 변화 이야기

아빠 재준은 딸 유민의 문제로 가족치료를 의뢰했는데, 계속해서 자기 문제가 보이면서 초반에 괴로움과 혼란스러움을 호소했다. 연극치료가 진행될수록 딸의 문제는 그 나이에 가질 만한 의례적인 문제 정도였고, 딸의 욕구를 잘 파악하지 못한 점, 환경에 맞추어 딸에게 동생들을 돌봐야만 하는 역할을 떠맡긴 점, 장녀로서 여러 일을 감수해 내야만 한다고 요구하는 자신의 태도를 알아차리게 되었다. 또한, 이번 가족연극치료를 통해 오랜 지인과의 관계성에 대해서 지지부진하게 고민하며 짓눌려 있었던 일이 있었는데, 결단을 내려 정리하려는 마음도 서게 되는 계기가 되었다고 했다. 생계 외 대부분의 시간을 교회에 쏟고 있는 부분에 대해서도 가족과의 시간을 생각하며 건강하게 조율하고 싶다고도 했다.

딸 유민은 자신이 원하는 욕구는 어떻게 해서든지 요구하고 받아내고 있다는 것을 알아차렸다. 물론 건강한 방법으로 부탁하고 기다리고 조율하고 대화하는 법을 고민 · 연습 · 노력해야 하는 것 또한 성찰했다. 그동안 요청하는 법이 너무 거칠거나 떼쓰는 방법으로만 했던 것에서 벗어날 필요가 있음을 인정했다. 가족연극치료 과정을 거치며 유민이는 전과 다르게 밝아지고 싱

그려워진 모습이 보였고, 스스로도 인정했다.

부녀에게 아빠와 딸의 정기적인 데이트 솔루션을 주었는데, 가족치료를 하던 날은 매번 혜화동을 다니며 함께 구경하고 밥 먹는 시간을 가졌다. 늘 여섯 식구가 함께 움직이고 함께 밥을 먹고 함께 나들이하는 것에서 아빠는 가장으로서 모든 가족을 거느려야 한다는 책임감이 컸고, 유민이는 동생들을 도맡아서 챙겨야 한다는 부담감이 함께 따랐다. 하지만 그것에서 벗어나는 것이 필요했다. 재준은 자기 자신에게도 온전히 집중할 수도 있어야 했고, 유민이와 단둘만의 데이트로 서로에게 집중할 수 있도록 환기와 재충전의 시간이 필요했다. 추후 남편과 아내가 번갈아 가며 유민이와 데이트를 해 볼 것을 권장했다.

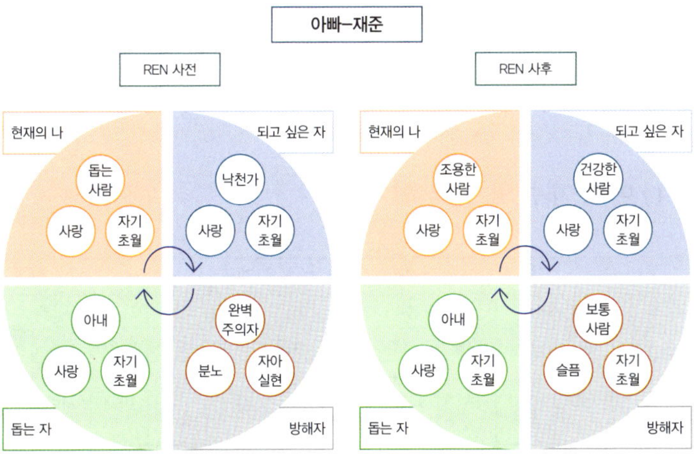

사전: "나는 돕는 사람이고, 낙천가가 되고 싶은데, 완벽주의자가 방해하고, 아내가 도와준다."

사후: "나는 조용한 사람이고, 건강한 사람이 되고 싶은데, 보통 사람이 방해하고, 아내가 도와준다.

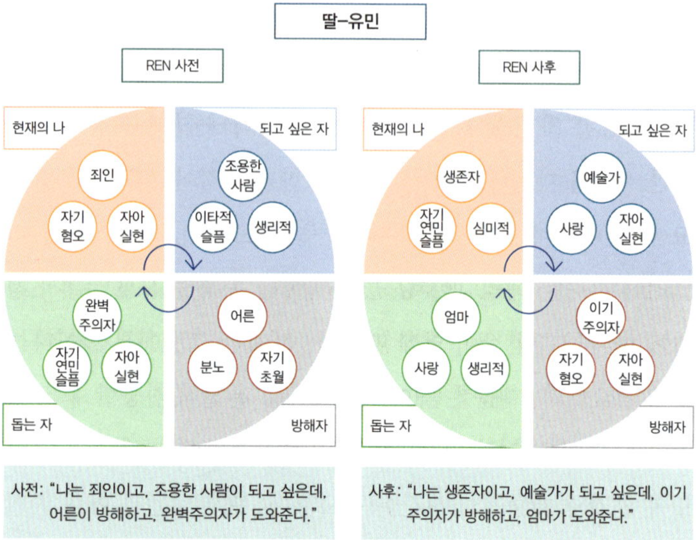

REN: 회복된 부녀

5단계 가족연극치료에 임한 참여자 부녀의 사전과 사후의 변화에 대해 REN을 통해 확인해 보겠다.

1) 아빠 재준의 변화 이야기

아버지-역할, 감정, 욕구 관계도												
구조	현재의 나			되고 싶은 자			방해자			돕는 자		
REN	역할	감정	욕구	역할	감정	욕구	역할	감정	욕구	역할	감정	욕구
사전	돕는 사람	사랑	자기 초월	낙천가	사랑	자기 초월	완벽 주의자	분노	자아 실현	아내	사랑	자기 초월
사후	조용한 사람	사랑	자기 초월	건강한 사람	사랑	자기 초월	보통 사람	슬픔	자기 초월	아내	사랑	자기 초월

(1) 사전

"나는 **돕는 사람**이고, **낙천가**가 되고 싶은데, **완벽주의자**가 방해하고, **아내**가 도와준다."

- 현재의 나
  - 역할(돕는 사람): 타인을 위해 사는 것 같아서
  - 감정(사랑): 예수님의 마음으로
  - 욕구(자기초월): 예수님의 마음으로 주어진 역할을 하고 싶어서

- 되고 싶은 자
  - 역할(낙천가): 좀 더 긍정적인 사람이 되고 싶어서
  - 감정(사랑): 타인에게도 선한 영향을 주는 마음으로
  - 욕구(자기초월): 예수님과 동행하는 삶을 살고 싶어서

- 방해자
  - 역할(완벽주의자): 이기적인 완벽주의로 강요해서
  - 감정(분노): 원망의 마음이 들어서
  - 욕구(자아실현): 자기 뜻대로 하고 싶어서

- 돕는 자
  - 역할(아내): 가장 많은 도움을 주고 있어서

– 감정(사랑): 부부로서 사랑의 마음
– 욕구(자기초월): 가정을 향한 소망을 이루기 위해서

(2) 사후

"나는 **조용한 사람**이고, **건강한 사람**이 되고 싶은데, **보통 사람**이 방해하고, **아내**가 도와준다."

- 현재의 나
  – 역할(조용한 사람): 나를 위해 조용함(차분함, 내려놓음, 기다림)을 선택한 것 같아서
  – 감정(사랑): 나의 선택이 사랑의 마음으로 행한 것이기에
  – 욕구(자기초월): 예수님의 마음으로 주어진 역할을 하고 싶어서

- 되고 싶은 자
  – 역할(건강한 사람): 몸과 마음이 건강한 사람이 되고 싶어서
  – 감정(사랑): 타인에게도 선한 영향을 주는 마음으로
  – 욕구(자기초월): 예수님과 동행하는 삶을 살고 싶어서

- 방해자
  – 역할(보통 사람): 그 사람도 허물이 많은 보통 사람이기에

– 감정(슬픔): 상황과 현실이 안타깝고 측은한 마음도 들어서
– 욕구(자기초월): 그 마음의 본질은 욕심이 아니라 신앙적 마음인 것 같아서

• 돕는 자
  – 역할(아내): 가장 큰 조력자
  – 감정(사랑): 부부로서 사랑의 마음
  – 욕구(자기초월): 인간의 사랑을 넘어선 것 같아서

(3) 변화도

사전 현재의 나는 타인에게 집중되어 있는 나였다면, 사후 현재의 나는 나를 돌아보고 나를 챙김에서 타인으로 향하는 것으로 바뀌었다.

사전 되고 싶은 자는 타인에게 좋은 영향을 주고자 긍정적인 마음을 애써 발현하려고 했고, 사후 되고 싶은 자는 타인에게 좋은 영향을 주고자 자기 몸과 마음이 건강해지기를 바라는 자로 변화되었다.

사전 방해자는 완벽함을 내세우며 자기 뜻대로만 하려는 자에 대한 원망이 컸으나, 사후 방해자는 인간의 유약함에 대해 이해할 수 있는 마음가짐으로 바뀌었다. 방해자가 같은 언행을 하더라도 재준은 그것을 의연하게 받아들이는 힘이 생겼음을 알 수 있었다.

사전 돕는 자와 사후 돕는 자는 모두 동일하게 아내이며, 진정

한 동반자이자 아내를 통해 평안함을 느끼고 깊이 신뢰하고 있었다. 변화로는 사전에는 아내에게 자신이 받는 도움만 말했으나, 사후에는 서로가 서로에게 도움을 주고받고 있으며 자신도 아내에게 큰 도움을 주고 있음을 재인식하는 모습을 보였다.

재준은 딸의 문제로 이 사례에 임했으나 자신의 문제에 집중되는 바람에 이질감이 크게 일어났고 불편감과 두통과 명치 아픔의 신체화까지 일어났었다. 그럼에도 자신의 문제를 피하지 않고 과정을 견뎌냄으로써 유의미한 변화를 가질 수 있었다. 또한 딸에 대한 이해와 소통이 자연스럽게 이루어진 경험까지 할 수 있었다.

2) 딸 유민의 변화 이야기

딸-역할. 감정. 욕구 관계도												
구조	현재의 나			되고 싶은 자			방해자			돕는 자		
REN	역할	감정	욕구	역할	감정	욕구	역할	감정	욕구	역할	감정	욕구
사전	죄인	자기 혐오	자아 실현	조용한 사람	이타적 슬픔	생리적	어른	분노	자기 초월	완벽 주의자	자기 연민 슬픔	자아 실현
사후	생존자	자기 연민 슬픔	아름다움, 심미적	예술가	사랑	자아 실현	이기 주의자	자기 혐오	자아 실현	엄마	사랑	생리적

(1) 사전

"나는 **죄인**이고, **조용한 사람**이 되고 싶은데, **어른**이 방해하고, **완벽주의자**가 도와준다."

• 현재의 나

– 역할(죄인): 동생들이랑 많이 싸우고 친구들한테 거짓말을 많이 해서

– 감정(자기혐오): 거짓말을 많이 하고 동생들과 싸우는 내가 싫어서

– 욕구(자아실현): 거짓말도 줄이고 동생들과 안 싸우려고 노력하고 싶어서

• 되고 싶은 자

– 역할(조용한 사람): 관심받고 싶지 않고 조용해지고 싶어서

– 감정(이타적 슬픔): 광고에 아프리카 아이들이 나올 때 이타적 슬픔을 느껴서

– 욕구(생리적): 일상생활이 잘 이루어지는 생리적인 사람이 되고 싶어서

• 방해자

– 역할(어른): 관심이라는 명목으로 간섭하고 비평하는

– 감정(분노): 화를 많이 내는

– 욕구(자기초월): 교만한 마음을 갖고 있는 것 같아서

• 돕는 자

– 역할(완벽주의자): 공부도 잘하고 뭐든지 완벽하게 하려는 자

– 감정(자기연민 슬픔): 자기를 불쌍하게 생각하는 것 같아서
– 욕구(자아실현): 더 착한 사람이 되려고 노력하는 것 같아서

(2) 사후

"나는 **생존자**이고, **예술가**가 되고 싶은데, **이기주의자**가 방해하고, **엄마**가 도와준다."

- 현재의 나
  – 역할(생존자): 상담을 받고 내가 나아진 것 같아서
  – 감정(자기연민 슬픔): 예전의 나를 불쌍하게 생각하는 것 같아서
  – 욕구(아름다움/심미적): 예전의 내가 아닌, 새로운 내가 되려고 노력하는 모습

- 되고 싶은 자
  – 역할(예술가): 직업을 화가로 하고 싶어서
  – 감정(사랑): 사랑을 많이 주려고 해서
  – 욕구(자아실현): 더 좋은 사람이 되려고 해서

- 방해자
  – 역할(이기주의자): 자기만 생각해서

– 감정(자기혐오): 자기를 싫어하는
– 욕구(자아실현): 더 나아지려고 조금은 노력하는 거 같은

• 돕는 자
– 역할(어머니): 엄마가 많이 도와줘서
– 감정(사랑): 사랑이 많아서
– 욕구(생리적): 일상적인 생리적인 것이 채워져 사랑을 주는

(3) 변화도

유민의 사전, 사후의 변화는 매우 크게 일어났다.

사전 현재의 나는 스스로 자책하는 죄인이었고, 사후 현재의 나는 상담을 통해 좋아진 자신을 보며 생존자로 변화되었다. 내면의 힘이 매우 건강해졌음을 알 수 있다.

사전 되고 싶은 자는 그 누구에게도 관심받지 않고 생리적 욕구만 채우며 조용히 살아가고 싶은 자였으나, 사후 되고 싶은 자는 화가라는 꿈도 생기고 꿈을 통해 타인에게 좋은 영향을 주고 싶은 욕구까지 생겨났다.

사전 방해자는 자신을 비평하는 어른인 부모였고, 자신의 친구관계를 방해하는 소희도 포함되었다가, 사후 방해자로는 부모님은 돕는 자로 바뀌고 이기적인 소희에게 집중되었다. 물론 소희에게 대응하는 힘이 전보다 향상되었음이 확인되었다.

사전 돕는 자는 불특정인인 완벽주의자였다가, 사후 돕는 자

는 엄마로 나왔다. 엄마와는 이번 상담을 앞두기 전까지 미묘한 신경전이 있었고, 전학으로 인해 2년여 동안 극심한 갈등이 있었는데, 사후 돕는 자로 엄마가 나온 점은 매우 큰 변화이다. 엄마와의 정서적 관계의 회복이 이루어졌음이 분명해진 지점이다.

제7장

달라서 불편하고 달라서 의지하는 부부

1 남자와 여자 이야기

청년 시절 지방에서 일면 일식 없는 수도권으로 올라온 선영은 남편 영철을 만나 결혼했다. 영철의 동생들은 한 명을 제외하고 모두 결혼했다. 그런데 그 동생이 또 먼저 결혼하려고 하자 이번만큼은 동생을 먼저 결혼시킬 수 없어 한날한시에 합동결혼식을 치렀다고 한다. 게다가 당시에는 돈이 너무 없어 하객들에게 음식 대접을 못 한 채 돌려보냈었다. 이 부분은 생각할수록 한이 될 정도로 수치심으로 남았다고 했다.

영철과 선영은 가진 것이 없었으나 성실함과 책임감으로 살림을 꾸렸다. 자녀로 아들 하나, 딸 하나를 출산하고 악착같이 살림을 키워 나갔다. 영철은 작은 회사를 차려 사장이 되었는데, 그것을 운영하며 살림이 반짝 빛을 발했다. 그러나 10년 만에 사업이 기울기 시작하고 가정은 큰 어려움을 겪었다. 아내는 이때 이혼하고 싶어 했으나, 아이들을 대학까지만이라도 함께 키워야겠다는 생각으로 이겨 냈다고 한다. 현재 자녀는 모두 결혼하여 출가했고, 부부는 47년간 결혼생활 중이다.

영철은 현재 70대 후반이며 경비업으로 일하고 있으나 최근 병가로 쉬는 중이다. 평상시 말수가 없고 무뚝뚝하고 감정표현이 거의 없다. 선영은 60대 후반이며 미화업에 종사하며 매일 바쁘게 지내고 있다. 감각이 뛰어나고 감수성이 풍부하면서 활동적이다. 그런데 부부간 소통이 거의 없고 특히 대화는 일절 없이 살아가면서 부부는 날이 갈수록 심리적 거리가 벌어지고 상처의 골은 깊어지고 있다. 각자 일을 하고 있지만 집에 같이 있는 것 자체가 곤욕이다. 선영은 남편 영철만 보면 화가 치밀고 같은 공간에 있는 것조차 치를 떨 정도로 싫어하고 있다. 영철은 친구관계가 협소하기도 하고 딱히 갈 곳이 없어 아내가 아무리 싫은 티를 내도 묵묵히 집에 있는다. 딸은 매 순간 이런 장면을 목격하며 부모님의 위태로움을 걱정하고 있었고, 가족연극치료를 알게 되어 딸의 적극적 권유로 치료를 시작하게 되었다.

1) 남편 영철의 입장

영철은 앞의 내용 그대로 말수가 거의 없고, 그 어떤 표현도 거의 하지 않은 채 살아가고 있다. 상대가 무슨 말을 하든 묵묵부답으로 말을 잃어버린 사람 같다. 조용히 있지만 무언가 단단하게 중심을 잡고 있다. 다른 표현이 없는 만큼 화도 전혀 내지 않아 조용한 영철 그 자체이다. 가족 모임이 있어도 본인은 말없이 있고, 아내와 자식들은 왁자지껄 말하며 웃는다. 본인이 그 대화에 끼어들기도 어렵고 끼어든다고 해도 어떻게 해야 할지도 모른다. 영철은 그저 본인이 원하는 TV를 틀어 놓고 그것을 보며 자기만의 시간을 가진다. 본인이 방해되느니 혼자서 그냥 조용히 있는 것이 도와주는 것으로 생각한다.

영철은 아내가 너무 과하게 일을 한다고 생각한다. 본인의 몸이 상해도 쉬지 않고 일할 정도로 과하게 일하는 것을 늘 걱정하고 있다. 아내가 암에 걸려 수술까지 한 몸인데도 일을 쉬지 않는 게 염려가 된다. 그리고 가끔 선영이 쉬는 날과 영철이 쉬는 날이 겹칠 때, 남편은 딱히 갈 곳도 없고 아내와 함께 있는 게 괜찮은데 선영은 계속 짜증을 낸다. 영철은 그냥 집에서 조용히 있는 게 좋은데 말이다.

2) 아내 선영의 입장

선영은 벽을 보고 사는 것 같다고 한다. 남편이 있지만 그 어떤 것도 남편과 함께 의논한다거나, 상의해서 결정하는 것은 물론이거니와, 무언가를 함께 공감하며 함께 웃고 함께 울어 본 적이 없다고 했다. 감정 공유가 일절 없다. 모든 것을 아내 혼자 결정하고 선영 혼자 꾸려 나가고 있다. 남편만 보면 대화도 안 통하고 갑갑하고 화딱지가 난다고 한다. 모든 것이 탐탁지 않고, 결정도 잘 못하는 것 같고, 볼 때마다 속이 터진다. 본인이 보호자가 되어서 모든 것을 리드해야 하는 것이 구차하다고 표현했다. 유일하게 함께할 때는 시댁에 무슨 일이 있을 때만이라고 했다.

선영은 대화를 좋아하고 작은 것에 감격한다. 하지만 남편 영철이 그 어떤 반응도 없기에 혼자 떠들고 혼자 감동하고 혼자 화내고 혼자 풀어낸다. 아내 선영은 몇 년 전 유방암 진단을 받고 수술받았다. 그런데도 가정경제가 휘청일까 봐 제대로 쉬지도 못하고 일을 이어 나갔다고 한다. 그리고 선영은 본인이 일을 해서 번 돈으로 자식들, 손주들에게 해 주고 싶은 것을 마음껏 해 주는 것이 삶의 낙이라고 여기고 있다. 그래서 일을 쉬지 못한다. 할머니가 되어서 자식에게 손 벌리는 일은 죽어도 절대 용납할 수 없는 입장이다. 선영은 본인이 번 돈으로 당당하게 자식을 위해 쓰고 싶다.

또한 정말 가뭄에 콩 나듯이 쉬는데, 그렇게 어쩌다 한 번 쉬는 날이면 혼자서만 있고 싶다고 매번 말한다. 밖에서는 에너지를 올려 열심히 일하고 타인들과 맞춰서 일하기 때문에, 가끔이라도 쉬는 날에는 정말 오롯이 혼자만 있고 싶은 것이다. 그런데 잠깐 1~2시간이라도 남편은 밖에 나가질 않는다. 그래서 쉬어도 쉬는 것 같지 않으니 신경 쓰이고 짜증만 올라온다. 선영은 어쩌다 쉬는 그 시간만큼은 잠시라도 혼자서 누구 눈치 보지 않고 맘대로 널브러지고 싶다.

2 5단계 가족연극치료 과정

1) 1단계 점검: 가족 패턴 알아차리기

사전 질문지에 관한 내용을 점검하며 가족연극치료가 시작되었다. 아내의 이야기에는 자신의 뒤섞인 감정 경험과 자녀 및 남편 관련 내용이 주를 이루었다. 가정에서는 대부분 아내가 주도적으로 선택 · 결정 · 행동해 왔는데, 이 점이 남편과 충돌될 때는 매우 큰 불만으로 느끼고 있었다. 불편이나 불만을 얘기할 때는 인상, 목소리, 자세가 커지고 거칠어지는 모습이었다. 선영은 말을 할 때 몸이 앞으로 쏟아져서 말하는 편이었다.

남편은 대부분이 아내에 대한 걱정이었다. 특히 아내가 유방암 진단을 받고 투병한 이후 이 염려는 매우 깊고 커졌음이 드러났다. 아내는 남편이 자신을 걱정한다는 말을 듣고 감동의 눈물을 내비쳤다. 영철은 그 당시 아내에 대한 미안함과, 혼자 남게 될 것에 대한 두려움도 있었다고 했다. 말을 하는 동안 얼굴은 계속 긴장 상태와 눈치 보는 듯한 표정이었고 낮고 작은 목소리였다. 영철은 말을 할 때 몸이 의자 깊숙이 들어가 있고 뒤로 젖혀진 자세로 말하는 편이었다.

이후 가족의 패턴을 알아보기 위해 가족 이미지 관계도와 나의 인생길을 통한 가족 인생길 작업으로 이어졌다.

(1) 가족 이미지 관계도

아내 선영은 앞서 매우 많은 말을 토해 내듯이 했다. 가족 이미지 관계도를 그릴 때도 자기 생각을 쉬지 않고 말로 하며 진행했다. 중간중간 남편이 가만히 있는 것을 답답해하거나 남편의 그림을 보며 간섭하는 말도 자주 했다.

남편 영철은 묵묵히 가만히 생각하다가도 약간의 눈치를 보면서 하나씩 그려 나갔다. 치료사는 배우자의 것에는 신경 쓰지 않기를 당부했고, 남이 어떻게 볼지에 대해 염려하지 말고 자기에게만 집중해서 생각나는 대로 표현해 달라고 했다. 그러자 선영은 무언가 알아차린 듯 남편을 향한 에너지를 거두고 편안하게 자기 것에 집중하는 모습을 보였다. 영철도 눈치 보는 듯한 느낌이 가라앉은 채로 자신이 표현하고자 하는 것에 집중하는 모습을 보였다.

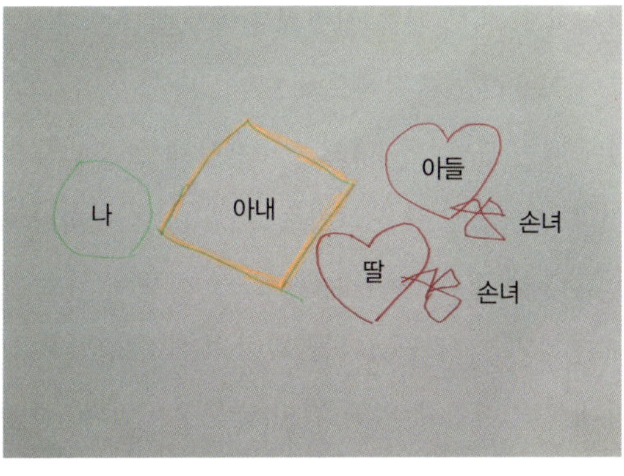

남편이 그린 가족 이미지 관계도

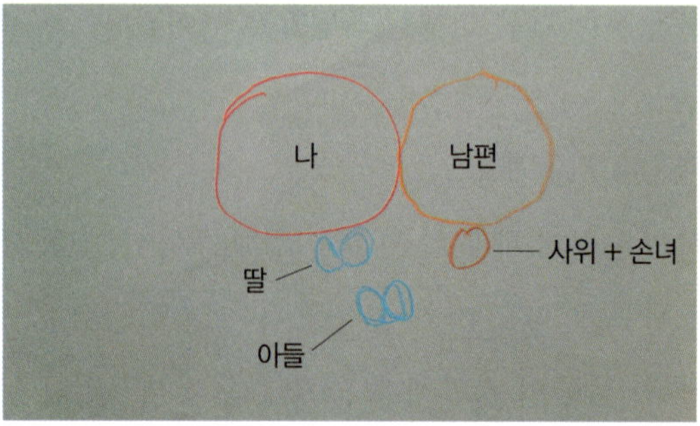

아내가 그린 가족 이미지 관계도

남편 영철이 그려 낸 가족 이미지 관계도에서는 아내를 중심에 두고 가장 크고 밝은색으로 표현했다. 영철은 아내를 화려하고 반짝이게 표현하고 싶었다고 했다. 그리고 자신을 그 옆에 가깝게 두었고, 자녀인 아들과 딸은 아내와 가깝게 그렸다. 자신은 초록 계열로 표현, 그 외 모든 가족을 붉은 계열로 표현했다. 아내는 붉은색으로 했다가 야광 주황색으로 덧칠했다. 크기도 손녀를 빼고는 성인 중에서 자신을 작게 표현했다.

아내 선영이 그려 낸 가족 이미지 관계도에서는 자신은 열정적이기에 그에 어울리는 빨간색으로 표현했다고 했다. 그러면서 자신은 남편에 대한 불만이 크다고 호소했음에도, 남편을 자기와 나란히, 그리고 같은 모양 같은 크기로 그려져서 신기하다고 했다.

부부가 그려 낸 가족 이미지 관계도는 사전에 서로 호소한 내용에 비해 부부가 가깝게 있다는 것이 특이점이었다. 그리고 자녀들은 아내와만 가깝게 있는 것이 공통점이었다. 반면 부부가 서로를 심리적으로 매우 의지하고 있고 애틋함이 크다는 것을 알 수 있었다. 각자가 자신만의 개성으로 자기 역할을 해내고 있었을 것이다. 그러나 서로의 수고를 인정해 주거나 지지해 주지 못하고 소통이 안 되고 있음은 확연하다. 서로의 본심을 알아차리며 확인하고 표현하는 방법을 알고 연습하는 것이 시급하다. 자녀를 키워 내고 살림을 꾸리고 일하고 먹고사는 데 집중하느라, 그러한 표현법을 본 적도 배워 본 적도 없고 평생 해 보지 않아서 생긴 문제점일 것이다. 또한 영철과 선영은 자신들의 부모님에게 긍정정서의 유산을 받기 어려웠던 시대였기에 방법을 더 모를 수밖에 없다. 그렇게 그동안 서로에게 쌓인 서운함과 아쉬움을 안전하게 풀어 낼 기회도 방법도 차단된 채 하루하루를 살아온 끝에 결국 이런 지경에 이르게 된 것이다.

(2) 나의 인생길 작업: 반복되는 언어 및 행동을 찾으며 나의 욕구 점검

원으로 선 뒤 음악에 맞춰 간단한 움직임으로 몸의 긴장감을 풀어 주었다. 순서대로 상대의 동작을 따라 하는 것까지 진행했다. 이내 공간을 산책하며 자신의 과거부터 지금까지, 지금부터 과거까지 지난 인생을 떠올리는 시간을 가졌다. 산책이 끝난 후 준비된 마스킹 테이프와 피규어로 자신만의 인생길을 공간에 표현하였다. 인생에서 기억에 남는 장면, 좋았던 장면, 힘들었던 장면 등을 이미지화하여 표현하는 형식이다.

부부의 인생길 작업 순서는 다음과 같다.

① 나의 인생길 만들기

– 남편: 남편 영철이 먼저 출생부터 시작한다. 영철은 자신의 출생, 유년기까지 표현한다. 남편과 아내가 10살 정도 차이가 나기에 아내가 이 세상에 태어나기 전까지 먼저 수행한다.

– 아내: 아내 선영의 출생이 만들어지기 시작하면 선영과 영철의 인생길은 동시에 각각 만들기 시작한다. 부부는 결혼지점 인생길에서는 만나야 한다. 그렇게 현재의 시점까지 각자가 표현하고 먼저 마친 사람은 기다린다.

② 나와 가족의 인생길 바라보기: 각자 자신의 인생길을 꾸민 다음, 전체를 보고 수정하고 싶은 곳이 있는지 확인한다. 수정이 마무리된 다음, 나의 인생길과 가족의 인생길을 바라본다.

③ 인생길 설명하기: 각자의 인생길을 설명하고 공유한다.

④ 인생길 걷기: 출생의 순간부터 세 차례에 걸쳐 걷는 작업을 시작한다. 부부는 결혼 시기에 동시에 만난다.

– 첫 번째 걷기(상태와 감정 느끼기): 출생 순간부터 시작하여 자신의 인생길을 천천히 걸어 보며 그때의 상태와 감정을 잠시 상기한다. 결혼 순간에는 함께 만나 잠시 멈춰 그 시간을 함께 머무른다. 그리고 다시, 현재 지금까지 걸어간다. 뒤돌아 돌아온 인생길을 바라본다.

– 두 번째 걷기(어떤 힘으로 이 시기를 지나왔는지 점검하기): 출생 순간부터 자신의 인생길을 천천히 걸어보며, 시기

별로 어떤 힘으로 이겨내거나 통과했는지 찾아본다. 그렇게 현재 지금까지 걸어간다. 뒤돌아 돌아온 인생길을 바라본다.

– 세 번째 걷기(조각상 작업): 출생 시점부터 지금의 순간까지 자신의 인생길을 천천히 걸어보며, 피규어가 있는 장면에서 멈춘다. 그 순간과 피규어에서 느껴지는 상태, 감정, 욕구를 조각상으로 표현해 본다. 여기서는 말 한마디 또는 소리를 낼 수 있다. 지금의 순간까지 걸어와 표현한다. 뒤돌아 돌아온 인생길을 바라본다.

⑤ **가족의 인생길 걸어 보기**: 배우자의 인생길을 출생부터 현재까지 한번 걸어 본다.

⑥ **소감 나누기**: 나의 인생길과 가족의 인생길을 동시에 진행하면서 느껴진 소감을 나눈다.

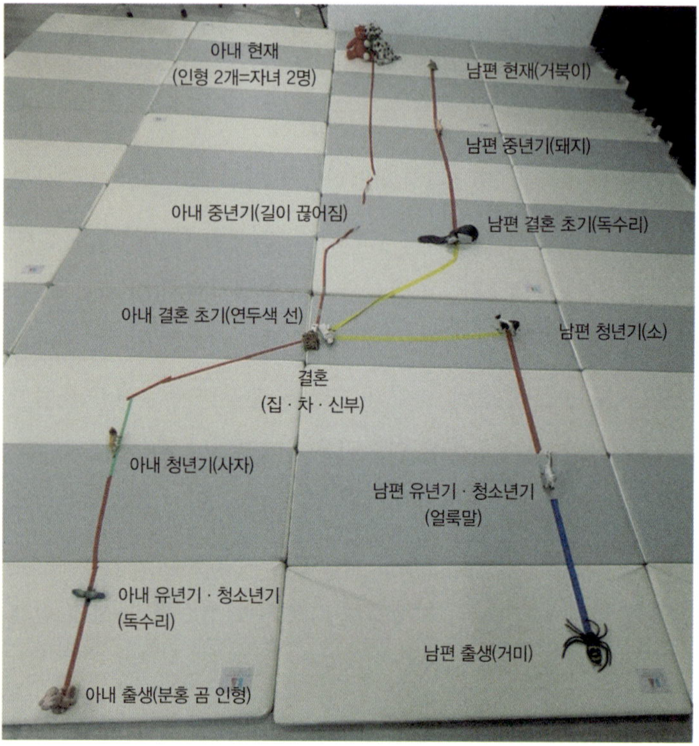

인생길: 부부

부부는 적극적으로 인생길 작업에 임했다. 하나하나 소중하게 생각하며 새로운 경험 자체에 모든 감각이 깨어난 듯했다. 활동에 흥미를 느끼고 신기해하며 아이처럼 즐거워하기도 하고 감동과 감격의 눈물을 보이기도 했다. 부부가 표현한 인생길의 주요 지점별 조각상, 언어 표현은 앞서 제시한 사진과 같다. 중간 지점의 두 길이 만나 있는 부분이 부부가 만나 결혼한 지점이다.

① 출생

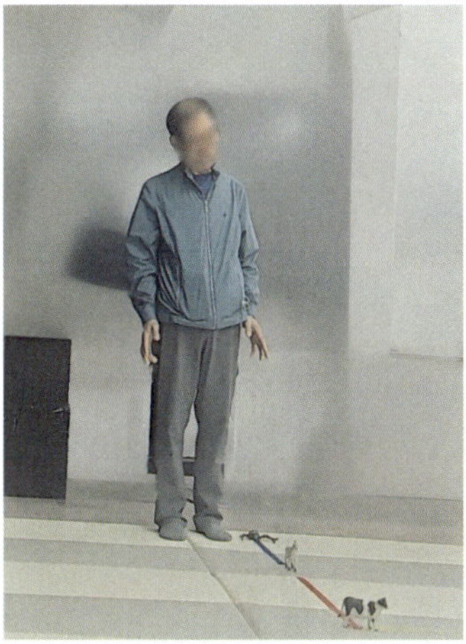
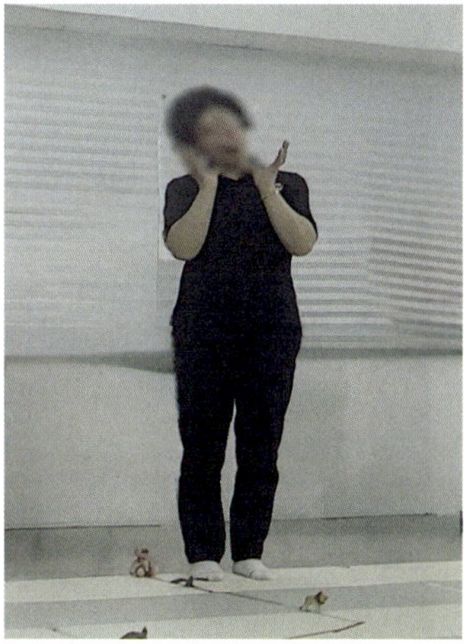

영철(거미-어려운 시절 표현): 태어났지만 참 어려운 시절이었어요.
선영(분홍 곰돌이-축복받음과 행복감): 엄마가 굉장히 좋아했대요. 너무 축복해 줬어요. 너무 좋았어요.

② 유년기와 청소년기

영철(얼룩말-여러 가지를 하고 싶은 마음): "뛰고 싶다." "뭘 하고 싶다!" "활발하게 다니고 싶다." 정작 어딜 다닌 적은 없어요. 허허.
선영(독수리-새로운 꿈을 꾸고 도전하고 싶은 마음): 어린 시절에는 막 이렇게 꿈이 이렇게 많았어요. "서울로 막 날아가고 싶어!"

③ 청년기

영철(소-열심히 일하고자 하는 마음과 행위): 소예요! 뭘 하고 싶었지만 막상은 못했어요. "스무 살부터 서른이 될 때까지 열심히 일해야지."

선영(사자-하고 싶은 공부를 그만두고, 가정을 책임지고 일해야 하기에 결심하는 마음): 사자예요! 제가 고등학교 1학년을 들어갔는데 남동생들이 있고, 또 아버지가 돌아가셔서 엄마가 너무 힘드니까 내가 공부하는 게 죄를 짓는 것 같더라고. 그래서 내가 그냥 학교를 자퇴했어. 그냥 이렇게 뛰어들어서 내가 돈을 많이 벌어야겠다고 생각했어.

④ 결혼

영철(집, 차, 신부–결혼에 집중하는 나): 그때 시대에는 결혼을 못 하고 있으면 바보로 생각해. 결혼에 대한 애착은 그렇게 없었는데, 동생들이 먼저 결혼하자 나도 해야겠다는 생각이 들었어요. 그러다 돈도 없고 하나 남은 동생과 한날한시에 같은 예식장에서 결혼했어요.

선영(집, 차, 신부–결혼생활에 대한 기대와, 잘할 것 같은 나): 그때는 어린 마음에 앞으로 나는 괜찮지 않을까. 일단은 내가 좀 막 일도 잘하고 성격이 또 좋으니 내게 잘해 줄 것 같고, 그리고 함께 뭔가 다 잘할 수 있지 않을까.

⑤ 결혼 초기

 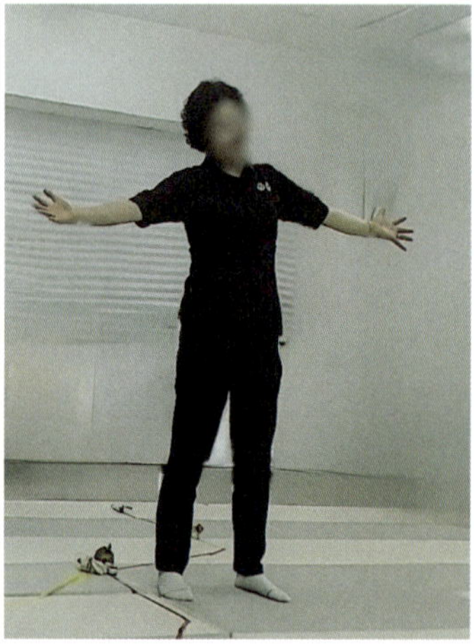

영철(독수리—열심히 일하며 얻은 성취감): 신혼 때는 순탄하게 이렇게 살아오다가 몇 년이 지나니까 참 욕망이 이렇게 뭘 하고 싶고 그래서 그때 30대 중반 40대에 사업을 했어요. 사업을 한 십 년 이상 했는데 십 년 동안 그래도 잘 됐어요.

선영(연두색 테이프 부분—삶에 대한 기대감과 엄마가 된 충만감): 너무 좋았지. 그 시절에 첫 아이를 아들 낳아서, 제가 며느리 중에서는 셋째예요. 우리 시어머니도 나를 제일 예뻐했어요. 제가 아들도 낳았잖아요. 첫째 낳고 다음에 유산도 했는데……. 신랑은 우리가 가난하니 아이는 하나만 낳자고 했지만, 내가 아들을 가지고 싶어서 둘째 임신하고 배부를 때까지 남편에게 말도 안 하고 몰래 있었어요. 그렇게 내가 자녀를, 딸과 아들을 출산한 여인이 되었어요. 이제 엄마가 된 것이지요. 엄마는 대단한 거죠.

⑥ 중년기

영철(돼지–어려움): "미안합니다."

십 년간 했던 사업 결과가 안 좋아서 고생시켰어요. 사업이라고 시작해서 열심히 밤낮을 가리지 않고 일을 했어요. 일을 했는데 내가 돼지띠인데 돼지같이 번창하지 못하고 어려움이 닥쳤어요. 어려움이 일어나 버렸어요.

선영(길이 끊어진–앞이 막막하고 보이지 않는): "그러면 이때까지만 참아보자."

여기가 제가 그냥 고생하면서 정말 이혼하고 싶었어요. 요즘 같으면 못 살았을 거예요. 그때는 애들이 어리고, 애들 때문에 살았어요. 지금도 말하면 정말 애들 때문에 살았어요. 그래서 애들 대학만 가면 이혼해야겠다고 생각했는데, 우리 아들이……. 근데 우리 아들이 만약에 장가를 가게 되면은, 제 마음이 이혼한 집 자식은 받아들이기가 그때는 힘들더라고요. '나도 이런데 상대방도 그렇지 않을까?' 해서 또 참았어요.

⑦ 현재

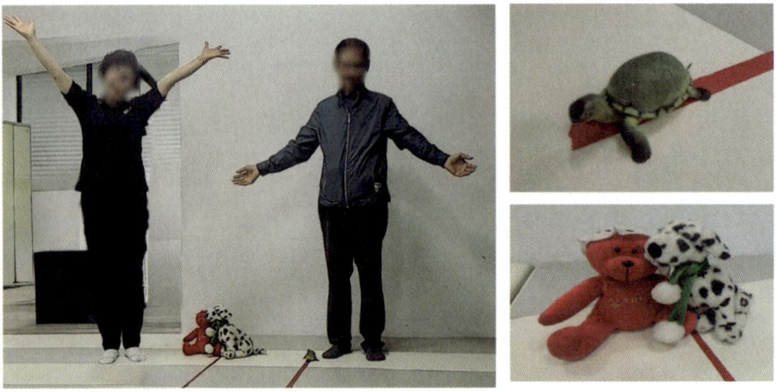

영철(거북이-편안해지고 싶은): "거북이처럼 살아야겠다고 생각한다."
그 어려운 시기를 살아오면서 지금 와서는 참……. 그…….

선영(인형 2개-자녀 2명을 키워낸 나): "그래도 내가 자식을 위해서 잘 살았지 않았는가."
참고 살았는데, 지금까지도 자식들한테는 쉽게 말해서 내가 대장이에요. 그래도 내 나름 애들은 정말 사랑도 많이 주고 정말 최선을 다해서 키웠어요. 그래서 말년에는 내가 자식을 위해 살았던 게 잘 산 게 아닌가라고 생각할 것 같아요. 저도 내일모레면 70이잖아요.

(3) 나의 욕구와 상대의 욕구 점검

각자의 인생길이자, 결혼생활 인생길을 통해 서로를 대하는 삶의 자세 패턴이 확인되었다. 남편 영철은 갈등 상황에서 말하지 않고 문제 상황에서 회피하는 것으로, 아내 선영은 회피하는 남편을 무시하고 답답해하면서 혼자서 분주히 움직이는 것으로 패턴이 드러났다.

이 패턴이 만들어진 것은 기질 및 성격도 있겠지만, 그동안 살아오면서 익숙한 대응 방식이 고착되어서일 것이다. 자신을 돌아보며 각자 열심히는 살아왔으나, 서로를 인정해 주거나 표현해 주지 못한 것을 발견했다. 부부의 욕구는 같았다. 나의 수고를 알아 주기를 바랐다. 나의 존재감을 고마워하는 것이었다.

(4) 솔루션

미안함의 표현보다는 '고마움의 표현'을 자주 해 주기로 했다. 이 점을 알아차리면서 부부는 자기 이야기를 나누며 배우자에게 계속 "고맙소. 수고가 많소."라는 말을 자주 했다. 그 말을 하면서도 들으면서도 생소해하고 쑥스러워했지만, 매우 행복해하는 표정이 한가득이었다. 두 사람은 회기가 진행되는 동안 서로의 말에 귀 기울이고 눈을 마주치는 모습이 잦아졌다. 평소에 거의 없던 일이라고 했다.

(5) 치료사 개입

- 남편 영철: 사업으로 어려움에 처한 시절에 좌절감이 컸을 텐데 삶의 의지를 놓지 않고 열심히 성실히 살아왔음을 받아들이길 바란다고 했다. 또한 조용히 있지만 영철의 존재가 가정에서 심리적 중심이 되어 주고 있음을 받아들일 필요가 있을 것이라고 상기시켰다. 아내 선영이 자기 소리를

낼 수 있는 것도 남편 영철이 묵묵히 있어 주었기에 가능한 것임을, 사업 실패 후에도 가정을 버리거나 허튼짓한 남편이 아닌 가장으로서 끝까지 가정을 책임지고 살아왔음을 돌아보도록 개입했다. 이 말에 영철은 눈물이 고였고, 숨을 깊게 쉬며 사유하는 모습을 보였다. 자기비판, 자기비난, 죄책감에만 시달리는 것에서 이제는 벗어날 필요가 있음에 대해 알렸다.

- 아내 선영: 자신이 해낸 것보다 자녀가 해낸 것에 집중되어 있다. 회기가 진행되는 동안 자녀 얘기를 많이 했다. 자녀가 어린 시절 잘 지내 준 것, 학교생활을 성실하게 해낸 것, 공부를 잘하는 것, 직장을 잘 간 것, 결혼생활을 살뜰하게 잘해내고 있는 것 등 자녀가 얼마나 훌륭한 삶을 살아가고 있는지 모른다며, 자신이 자녀 복이 매우 많다고 했다.

나는 상담 말미에 이 부분에 대해서 "이렇게 키우신 건 부모님의 힘입니다. 자녀가 해낸 것도 있지만, 부모님의 지혜와 사랑이 있었기에 가능했습니다."라고 하자, 선영은 눈물을 왈칵 보이며 말을 잇지 못했다. 선영도 부모님의 지원이 있었다면 자신의 자녀들보다 공부도 더 잘하고 직장도 더 잘 다녔을 것이며, 그런 영리한 머리와 지혜와 인성은 부모님이 주신 유산임을 확인시켜 주었다. 내 안에 좋은 것이 얼마나 많은지 인정하고, 그것이 자녀들에게 잘 흘러갔음에 대해 감사함으로 받아들이도록 개입했다.

부부는 행복감, 감사함, 충만함의 표현을 했다. 1단계 만에 이 경이로운 경험에 대한 느낌을 말로 다 표현할 수 없음을 되뇌며 자신들은 큰 축복을 받은 것 같다는 감사의 표현을 하고 마무리 했다.

2) 2단계 만남: 나와 친해지고 화해하기

남편 영철은 지난 상담 이후, 일상에서 변화해 보려 생각은 했지만 잘되지 않아 답답하고 착잡했다고 했다. 아내 선영은 오랫동안 남편에 대해서 마음 문을 탁 닫고 있어서, 남편과 속 깊이 대화해 보려 해도 되지 않는다는 것을 알아차렸다고 했다. 그러면서 스스로 남편에 대한 마음을 더 내려놔야겠다고 생각하며 지냈다고 했다. 부부에게 생각으로는 변화가 일어났으나 행동까지는 나오지 않은 상태라는 것을 인식시키며, 마음의 확실한 변화가 일어나기까지는 시간이 필요하니 서두르지 말고 가자고 했다. 또한 이 정도 생각의 변화 자체도 이미 큰 변화라는 사실을 받아들일 수 있어야 함을 일깨워 주었다.

부부는 과제인 '서로에게 고마움에 대한 말해 주는 것'이 잘 안 됐다고 했다. 그래서 지금 이 자리에서 지난 한 주간의 고마움을 떠올리고 표현해 보기로 했다. 서로 이 말을 하며 수줍어하면서도 행복해하는 표정과 몸짓이 나왔다.

남편(아내에게 고마움): 아내가 쾌활하게 있어 줘서 고맙다. 내가 표현을 잘 못하는 성격임에도 불구하고 견뎌 줘서 고맙다. 전에는 시장 가자고 하면 귀찮았는데, 어제는 같이 가자고 해 줘서 고맙다.

아내(남편에게 고마움): 남편이 시장을 같이 가 줘서 고맙다. 자신이 살아오는 동안 내내 내려놓는 과정으로 살아왔지만, 이제는 내가 죽기 전까지 남편을 잘 돌보면서 살아야겠다는 마음을 표현하고 싶다. 남편으로 있어 줘서 고맙다.

(1) 나에게 함부로 한 것 점검: 움직이고, 사유하고, 기록하고, 움직이기

① 내가 좋아하는 것, 원하는 것, 싫어하는 것, 두려워하는 것

원으로 선 채 음악에 맞춰 스트레칭부터 시작한 뒤 리듬을 타며 변형 움직임으로 이어갔다. 주제는 지금의 기분에서 내가 좋아하고 싫어하는 것으로 이어지는 변형 움직임이다. 영철은 어색한 듯 수줍게 움직이면서도 점점 얼굴에 화색이 돌았고, 선영은 변형 움직임을 시작하자마자 온몸에 생기가 돌며 자유로운 움직임들을 보였다. 이후 공간을 산책하며 좋아하는 것, 원하는 것, 싫어하는 것, 두려워하는 것을 사유하다가 생각이 정리되면 기록한다. 산책하며 움직이면서 주제에 맞게 자신을 탐색하고 기록하는 것을 반복한다. 다음의 표는 각자 자신이 찾은 것을 기록한 내용이다.

② 아내: 자녀의 삶이 곧 자기의 삶

좋아하는 것	• 아들 내외랑 딸의 식구들과 여행 • 내 목표를 향해 열심히 노력하는 마음 • 친구들과 지내는 것, 없는 시간을 내서 웃고 떠드는 것
싫어하는 것	• 나는 오지랖이 너무 넓다. 나보다 상대방을 잘 챙긴다. 어떤 때는 이런 내 모습이 싫다. 그래도 잘 안된다.
원하는 것	• 옛날에는 의식주가 힘들었다. 어려운 환경을 딛고 뛰다 보니 내가 원한 것을 이룬 것 같다. 아들, 며느리, 사위가 모두 공무원인데, 나처럼 험한 일 안 해서 넘 좋다. 그리고, 우리 딸이 너무 고마웠다. 가게 하면서 너무 힘들 때, 좋은 대학에 들어갔다. 비록 힘들지만, 엄청 큰 마력을 주었다. 그때 너무 좋았다. 딸이 자기가 원하는 위치에 섰으면 좋겠다.
두려운 것	• 내 목표를 위해 달리는데 내 앞에 장애물이 생길까 봐 두렵다.

③ 남편: 배우자의 삶이 곧 자기의 삶

좋아하는 것	• 조용히 산책하는 것 • 편하게 휴식하면서 TV 시청하는 것
싫어하는 것	• 배우자의 노동력이 과한 것 • 배우자가 자녀들한테 너무 배려하는 것
원하는 것	• 건강한 생활과 원만한 직장 생활하기 • 가족 간의 대화를 전보다 많이 하기
두려운 것	• 배우자의 무리한 노동으로 건강을 잃을까 봐서 • 본인. 나도 건강하지 못해서 직장 생활 못하면 엄청 지루할 것 같아서

(2) 나와의 만남과 화해: 의자 기법으로 나 만나기

부부는 자신들이 기록한 것을 보며 자기 맞은편에 자기의 빈 의자를 놓고 빈 의자에 앉아 있는 상상의 자신을 바라보면서 하고 싶은 말들을 시작했다. 부부는 나란히 앉았고, 한 명씩 돌아가며 진행되었다.

① 나와의 만남

영철: …….

선영: 그게 잘 안 되는 거야……. 그게 안 되는 거야. 네 마음대로 안 되는 거야. 그게 안 되는 거야. 그게 안 되는 거야. 아무도 모르는 서울에 올라와 참 잘 살았다. 참 잘 살았다……. (한숨) 참……. 서울이란 곳에 이렇게 험한 곳에서 그게 안 되는 거야. 그게 안 되는 걸 그 마음을 못 버리고 짜증 나는 거야. 그게 안 되는 거야. 그게 안 돼……. 아, 그래. 잘했어……. 잘했어…….

영철: 아휴……. 아휴……. (한숨 반복)

선영: 참……. 내 나이 벌써 70이다, 참 이렇게 벌써 나이가 70이야. 그래, 잘했어, 잘했어……. 잘 살았어, 잘 살았어……. 애썼어, 애썼어……. 정말 애썼다, 애썼다……. 잘했어, 잘했어…….

② 자신에게 화답하기

영철: 지금까지 해 온 것이 물론 마음에 안 들고……. 그것이 타고난 성격인지라 고쳐지지 않으니까, 그게 참 마음이 착잡하네……. 그런데 앞으로는 물론 늦었지만, 노력해서 다소나마 미안한 감정을 떨굴 수 있는 그런 계기가 되도록 내가 열심히 노력하고 생각 많이 해 가면서 부부간에 화목하게 지냈으면 좋겠네…….

선영: 선영아, 애썼다. 그 험한 세상을 어떻게 살았니? 어떻게 그 험한 세상을 다 네가 헤치고 살았니? 하, 그렇게…… 글을 써도 책이 몇 권인가. 책이 스무 권도 더 쓰겠다. 그러다 보니 나이가 이제 70이 다 되었다. 그래……. 이제 날 위해서, 날 위해서 살아야 하는데……. 날 위해서 산다는 게 익숙하지 않아. 정말 익숙하지 않아. 말은 되는데……. 그게 안 되는 거야. 정말 안 되는 거야, 안 되는 거야……. 앞으로 나를 위해서 산다는 게 무엇일까? 뭐가 나를 위해서 산다는 걸까? 생각하면서 한번 살아 볼게. 그래 그래……. 서울이란 낯선 곳에 네가 참 홀로서기를 잘 버텨 준 것이 정말 고맙고 참 고맙고, 참……. (흐느끼기 시작한다.) 어떻게 살았니? 참 고맙고 사랑한다. 앞으로 나를 위해서 사는 시간을 좀…… 지금부터라도 내가 내마. 그래, 고맙다. 사랑한다. 선영아 사랑한다……. (흐느껴 운다.)

③ 자신을 마주한 소감

영철: 조라해 보였다. 그동안의 나를 보니 후회가 되었다. 대화를 잘 못했다. 집사람은 성격이 쾌활한데 나는 그렇지 못하고 고쳐야 하는데 그게 안 되더라. 표현을 못 하는 나 자신이 안쓰러우면서 후회스러웠다. 앞으로 얼마 남지 않은 여생인데……. 답답했다.

선영: 앞에 제가 있다고 생각하고. 저는 진짜 소나무처럼 살았다. 인생을 지금까지 그런 단어조차 이런 시간이 없었다면 되돌아보지 않았을 것이다. 그래서 이런 시간이 내게는 평생에 한 번 있을 귀한 시간이다. 이렇게 치료사 선생님과 함께하니까 나 자신이 진짜 사랑스럽고 감사하다.

사람이 살면서 이런 시간을 갖는다는 것이 없다. 이런 프로그램에서나 있는 것이지. 나는 여태 이런 것을 모르고 살아오지 않았는가. 이번에 참 내가 나를 되돌아보고, 남편도 참……. 이제 조금만 생각해야지……. 한꺼번에 다 어떻게 생각하나…… 한평생 살아왔는데…….

작은 변화가 큰 변화임을 되새겼다. 치료사는 큰 변화만을 원하고 바라다 아무것도 못 할 수 있음에 대해 개입해 줬다. 남편이 갑자기 아내의 기질과 성격이 될 수 없고, 아내도 마찬가지이다. 각자 조금씩 변화하고자 노력하면서 자신의 고유성을 알아차려가는 것이 중요하다. 서로의 시선을 확인하고, 상대의 말에 응답하는 것부터가 시작이다. 일주일에 한두 번만 변화의 정도를 보여 준다면 상대에게는 그것이 매우 크게 느껴질 것이다. 그리고 본인에게도 큰 변화로 기억될 것이다. 한두 번 해서 상대의 반응이 시큰둥

할지라도 포기하지 않고 여러 번 반복해 봐야 내게도 익숙해지고, 상대도 나의 노력을 알아차리고 받아들일 수 있는 것이다.

④ 나를 위해 하는 것

- 영철: 내 몸이 건강해야 가족들을 편안하게 해 주는 것이라는 걸 생각했다고 했다. 그래서 건강을 걱정만 하기보다는 병원 약을 꾸준히 챙겨 먹기로 했다고 했다.
- 선영: 자녀들에게 금팔찌를 해 준 적이 있는데, 날 위해서 금팔찌를 샀다고 했다. 그동안 움직임을 할 때마다 활력이 생기고 생각이 자유롭게 사유되었다. 그래서 치료사는 선영에게 춤이나 무용 같은 움직임과 관련된 취미를 시작해 보기를 권장했다.

3) 3단계 회복: 부탁과 드림

(1) 상대에게 어떻게 부탁했는지 점검 및 부탁과 드림 대화법

① 남편의 부탁과 드림

아내: 난 지금까지 자식들을 위해서 살아왔어. 그런데 내가 당신을 잘못 길들였어. 당신이 사업하는 동안 기죽지 않게 나는 돈 없어도 남편은 돈 떨어지지 않게 노력한 것이 당신을 집안에 무관심하게 만든 것 같아.

아내 보조: 당신이 내 건강을 생각하고 걱정해 주는 것은 이제 잘 알겠어. 거기에 더 덧붙여서 그동안 내가 왜 일중독이 되었는지 당신에게 인정받고 싶은가 봐.

남편: 내가 젊어서는 집에 쌀이 있는지 없는지 신경 안 쓰도록 당신이 커버해 줘서……. 내가 무심하게 되었다고 말하는 걸 들으면서 내 마음이 너무 미안하오.

남편 보조: 여보, 자리가 생겼으니 솔직하게 말하자면 사장 자리에 있는 것도 나에겐 꽤 벅찬 자리였어. 지금까지 사업이 잘 되었으면 참 좋았을 건데 그게 잘 안되었어. 가장으로서 가족들에게 자책감이 많이 들었어. 너무 많이 생각했기에 도리어 표현을 못 하고 있었어. 당신에게는 무심한 남편으로 존재하게 되어서 미안하오.

남편: 그래도 이제는 자식들 다 독립하고 우리 둘뿐이라 큰돈이 나갈 곳은 많이 없으니 일을 줄여서 건강을 잘 유지했으면 좋겠소.

② 아내의 부탁과 드림

아내: 난 여태 벅하고 살았어. 그래서 내가 암도 생긴 것 같아. 이제 그렇게 속으로만 안고 살면 병이 생긴다는 걸 알아서 풀어 버리려고 생각했어. 이제는 당신하고도 속 트고 살고 싶어. 이제 당신하고 그런 시간도 다 지나갔어. 나 집에서 편하게 쉬고 싶을 땐 당신이 나가 주면 좋겠어. 나 그냥 널브러져서 쉬고 싶어. 그땐 당신이 산책을 2시간 정도 나가 주면 좋겠어. 내가 원할 땐 정말 그냥 나가 주면 좋겠어.

그리고 나에게 이런 상담을 하게 해 준 내 딸이 자랑스러워. 그 딸을 내가 키운 것이라 내가 자랑스럽고 내가 대단하다고 느껴.

남편: 그 정도 부탁은 어려운 것이 아니니 앞으로 그렇게 하도록 할게. 당신도 건강을 조금만 더 신경을 써 주었으면 좋겠어.

아내: 당신과 난 평행선으로 살아왔어. 겉으론 안 싸운 것 같지만 나 혼자서 당신과 싸운 거야. 내가 당신에게 "~ 해 줘."라고 할 때 어떤 군소리 말고 그냥 해 주면 좋겠어.

아내 보조: 당신을 미워하기도 하고 속으로 무시하기도 했지만, 사실은 그래도 알게 모르게 당신이 많이 의지가 됐어. 남은 인생은 당신과 평행선이 아닌, 당신이랑 손잡고 잘 걸어가 보고 싶어.

남편 보조: 당신이 날 의지한다는 말을 들으니까 행복하고 안도감이 느껴져.

남편: 당신 마음 이제 많이 알았으니까 엄청나게 앞으론 노력할게.

아내: 나도 노력해야지……. 이런 시간이 고맙고 너무 좋아요. 나는 그동안 너무 외로웠어요! 가족 묘지에조차도 함께 묻히기 싫을 만큼 싫었는데 이제는 다시 생각해 보겠어요.

③ 부탁과 드림 정리

남편

- 부탁: 일을 조금 줄여서 건강을 신경 써 주기를
- 드림: 아내가 쉴 때 편히 쉬도록 2시간 정도 산책하며 자리 비우기, 아내가 뭐 하자고 하면 같이 하기

아내

- 부탁: 내가 쉴 때 내게 2시간의 개인 시간 주기를, 뭐 하자고 하면 같이 해 주기
- 드림: 건강 신경 쓰며 일하도록 조율해 보기, 남편을 무시하지 않도록 노력하기

(2) 소감 나누며 마무리

아내: 이 자리가 너무 고맙고 감사해요. 이렇게 내가 살 것이라고 생각도 못 했어요. 감사합니다.

남편: 이런 과정이 있어서 치유된다는 것을 알았고, 앞으로 노력해서 밝게 살 수 있도록 하겠습니다.

부부는 모든 활동을 하나라도 놓칠세라 집중하며 임했다. 새로운 제안을 살피며 생경함을 받아들이고 나의 불편함을 무릎 쓰고 상대와 조율하며 나아가는 것에 정성을 다했다. 흙으로 도자기를 빚어 가듯이, 만드는 자의 욕심을 내려놓고 돌아가는 판

과 흙의 움직임을 손으로 느껴 가며 흙과 나의 교감을 놓치지 않고 만들어 가는 과정처럼 아름답고 숭고할 정도였다. 이 과정에 함께 있는 나를 비롯해 보조치료사 두 명에게까지 울림을 가져다주었던 시간이었다.

다음 회기까지 일상에서 자신을 잘 살피며 자신의 욕구를 파악하는 과정의 시간을 가지기로 했다. 또한 타인에게도 정중히 부탁했을 때 일어나는 작은 변화를 느껴 보기로 했다.

4) 4단계 변형: 독립된 존재

부부는 매우 밝은 모습으로 입실했다. 특히 아내는 사랑스러운 미소가 얼굴 전체에 번져 있었고, 남편은 편안하면서도 피곤해 보이기도 했다. 남편 영철은 어제 아내가 김치를 담그는 데 함께 하느라고 체력이 힘들다고 했고, 마음은 전보다 훨씬 좋다고 했다. 아내는 남편이 장을 보러 같이 가 주고 김치도 도와줘서 게 좋았다고 했다. 남편은 아내를 도운 건 좋았으나 자녀들을 위해 무리해서 너무 많은 김치를 담그는 것은 힘들었다고 하면서도 웃음을 보였다. 아내의 말투가 기존에 비해 훨씬 차분하고 부드러워졌으며, 남편의 목소리는 힘이 있고 분명하게 말하는 모습을 보였다.

(1) 나의 공간 만들기, 공간 변형하기: 한 문장의 말을 찾아 해 보기

남편: "편안하게 쉬고 싶다. 피곤하다."
아내: "요즘 행복하다. 내가 나는 정말 자랑스럽다."

남편은 먼저 녹색 천을 골라 붙인 뒤 어떻게 할지 구상하고 있었다. 이때 아내가 빠르게 공간을 만들어 가기 시작한다. 남편은 아내의 만들어진 공간을 보더니 바닥과 붉은 방석을 아내와 비슷하게 표현했다. 공간을 넓게 쓰기보다는 좁은 공간으로 하고 싶어 했고, 녹색 천은 맑음과 흐린 하늘이 섞인 것으로, 좋은 마음과 피로한 신체를 의미하고, 빨간 방석은 따뜻하게 쉬고 싶은 미래에 대한 소망을 상징한다고 했다. 우선 현 상태만 표현하기로 해서 소망하는 것은 우선 빼 보기로 했다. 그래서 남편은 빨간 방석은 뺀 채로 다시 진행했다. 아내는 빨간 방석이 자신을 상징한다고 했다.

(2) 상대의 공간 느끼기

남편은 아내 공간으로 가 보더니 자신의 공간보다 편하고 넓어서 좋다고 했다. 또한 자신의 공간은 옹색해 보여서 뭔가 바꾸고 싶다는 생각이 든다고 했다. 아내는 남편 공간이 좁은 것, 초록 천이 늘어져 있는 것, 그 안에서 느껴지는 남편 마음도 모두 불편하다고 했다. 또한 내 공간에 타인인 남편이 와 있는 것이 불편하면서 내 공간에는 자신이 있어야 한다고 했다.

(3) 나의 공간 변형하기

- 아내: 공간을 소품과 조명으로 꾸몄다. 그러면서 본인의 존재감을 확인하고 희열과 감격, 충만감을 느꼈다고 했다.
- 남편: 아내의 공간에 다녀와 보니 넓은 것도 괜찮아 보여서 자신의 공간도 약간 넓게 변형했다고 했다. 변형 공간에서 매트를 넓게 펴고, 본인이 정말 원했던 휴식을 제대로 취해 봤다고 했다. 그리고 아내의 공간처럼 약간의 밝음을 더하고 싶어서 반짝이는 노란 실을 추가로 붙였다고 했다.

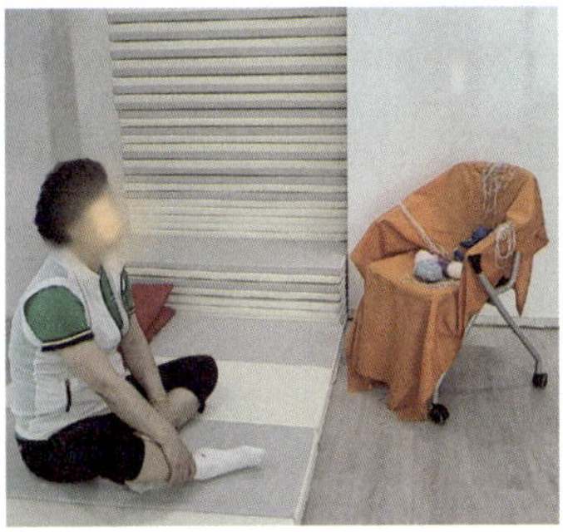

(4) 변형된 상대 공간 경험하기

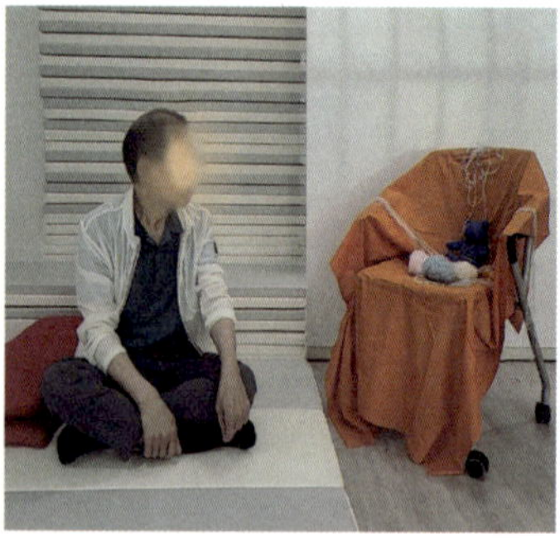

(5) 스스로 할 수 있는 것 점검, SOS 청하기

남편: "남편에게 말투와 어조를 조금 더 부드럽게 해야겠다."
아내: "본인의 약간 느리고 내향적인 성격을 고쳐야겠다."

나의 공간 작업은 나의 욕구 인식과 내면의 성장에 도움을 줄 수 있다. 상대의 공간을 다녀오고 상대를 내 공간에 초대하기도 했기에, 내가 할 수 있는 것, 상대를 위해 할 수 있는 것, 상대에게 도움을 요청할 수 있는 것 등을 구별할 수 있다. 부부에게 공간 작업을 마무리한 후 스스로 할 수 있는 것이나 도움을 요청하고 싶은 것이 있냐고 묻자 모두가 나의 변화와 동시에 상대를 위한 것으로 찾아낼 수 있었다.

5) 5단계 통합: 서툶의 미학, 유연성 키우기

(1) 나의 이야기를 만들고 연극으로 발표하기

① 선영, 나의 이야기와 연극

제목: 비 갠 오후

① 어린 나이에 시집와서 시댁 식구들과 힘들었다.
② 그때는 세상이 지금 같이 많이 변한 게 없기도 했지.
③ 며느리들이 나까지 합치면 6명이고 다들 충청도 사람들인데 나 혼자 경상도 말씨를 써서 소통이 안 되었다.
④ 우리 남편이 남자로서 세 번째인데 바로 내 밑에 동서가 나보다 나이가 많아서 힘들었고, 부자라 다들 나를 우습게 봤다.
⑤ 세월이 지나서 지금은 내가 최고 같다.
⑥ 다들 부러워하면서도 나를 응원하고 칭찬해 주는 건 없다.
⑦ 그래도 나는 오뚝이같이 모진 세월을 잘 버티고 지금은 건강한 내 모습에 박수치고 싶다.

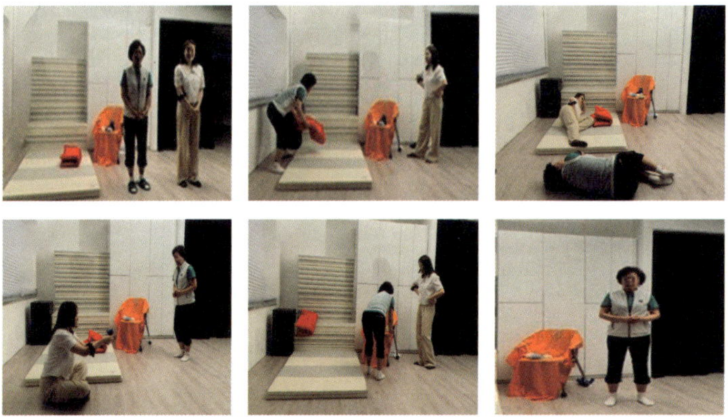

나의 연극: 선영

①~④까지 고된 시집살이로 힘들게 살아왔던 모습을 즉흥극으로 표현했다. 보조치료사가 시누이 등 상대역을 맡아 가며 진행했다.

선영: (시집살이의 어려움 속에서도 동서들끼리의 갈등, 시새움, 가난을 이겨 내고 아이들도 잘 키우고 통장에 돈도 준비한 자신을 대견하게 생각하는 선영) 지금 진짜 40년이란 세월이 지나고 보니까 내가 정말 생각해도 내가 최고인 것 같아. 선영이 참 잘 살았고, 최고다. 내가 최고다. (스스로 경탄하면서) 통장 잔고를 보면서 내가 또 느끼는 거예요. 내가 씀씀이가 이렇게 커도 참 내가 이만큼 그래도 벌었구나. 선영이 너 진짜 알뜰하다. 잘 살았다. 너 대단하다. 정말 대단하다.

관객1: 부럽다. 저분은 저렇게 대단하다. 진짜 모진 세월 그렇게 보내더니 저렇게 잘 사시는 것 봐! 아, 부러워. 그러니 자식들도 다 잘 된 거야 또 미모도 좋고 정말 부럽다.

관객 2: 어머나, 어머, 딸이 그렇게 어린데도 공부를 잘한대!

관객 3: 그동안 돈도 많이 모았데. 아니, 그 딸이 박사를 하러 들어갔다네. 이 집 안에 박사가 드디어 나오네! (남편을 포함해서 모두 함께 선영의 성취를 축하한다.)

치료사: 무대 중앙으로 오세요. 박수! 우리가 박수를 쳐 드려요. 남편도요! 선영 씨를 향한 칭찬을 우리는 했는데, 남편도 "선영아!" 하면서 칭찬 한 마디 해 주실래요?

영철: 선영이 최고다!

치료사: 뭘 잘하셨는지 구체적으로 "우리 선영이 뭐 뭐를 잘했다! 대단하다!" 이야기해 주세요.

영철: 선영아! 생활력 강하고, 아이들 잘 키우고, 최고다. (치료사에게 내용을 도움받아서) 선영아! 시집살이를 어떻게 견뎠냐, 너 대단하다. 시집살이 고생한 거 내가 몰라 줘서 미안하다.

선영: (환하게 웃으면서) '비 개인 오후'가 제목입니다.

모두: 선영 씨, 최고! (모두 축하하고 웃자 선영도 크게 웃는다.)

② 영철, 나의 이야기와 연극

제목: 나의 이야기

① 나는 너무 내성적이고 조금은 변했으면 좋겠다.

② 그러나 주위에 해를 끼치는 일은 싫어한다.

③ 한 공간에서 생활하는 배우자는 좀 답답하겠지만 나는 어쩔 수가 없다. 노력은 해야만 한다.

④ 차이는 있겠지만, 느리고 빠른 차이는 많겠지만 실수를 하지 않는 것이 중요하다고 생각한다.

⑤ 부족하면 보완하고 나의 장점은 조금 더 부각시키는 것이 중요하다고 생각한다.

나의 조각상 연극: 영철

영철은 다섯 줄 글쓰기에 딱 맞추어 다섯 문장을 만들었다. 발표 형식은 연극이 아니라 조각상으로 표현했다. 그동안의 모든 움직임 중에서 남편은 가장 자신감 넘치고 안정된 모습을 보여 주었다. 남편의 이야기가 무대에서 진행되는 동안 아내는 소리 내어 크게 웃으며 호응해 주었다.

③ 우리의 현재와 미래 이야기-즉흥극: 변화된 나의 미래와 우리의 미래

아내가 원하는 미래 모습

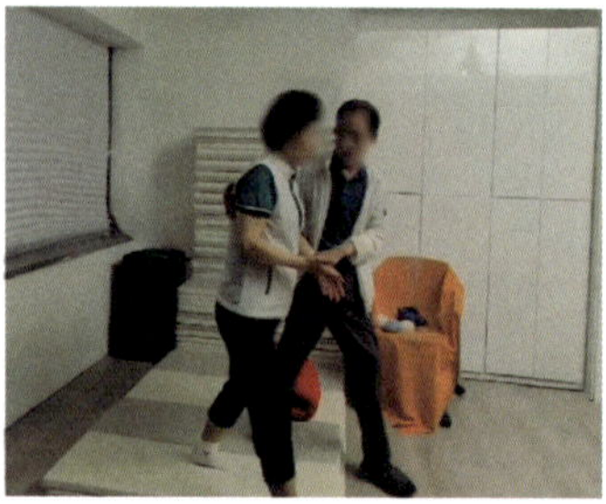

남편이 원하는 미래 모습

아내가 원하는 미래

아내: 이제 어느 순간에 그냥 옆에 나란히 서게 됐어요. 당신 안 그렇소?

남편: 그래.

아내: 이제 나가서 이제 저녁 먹읍시다. 갑시다. 갑시다.

(둘이 웃으며 나란히 걸어가면서 아내의 손가락 한 개를 남편이 잡고 간다. 남편 손이 움찔움찔했는데 아내가 처음엔 모른 척한다. 그러다 아내가 먼저 손가락 한 개를 쓱 남편 손 쪽으로 먼저 움직여 잡혔다. 아내랑 남편이 함께 웃는다.)

남편이 원하는 미래

남편: (바로 아내를 향해 성큼성큼 걸어간다.)

아내: (가까이 오자 웃으면서) 아냐, 안 만날 거야! (돌아선다.)

남편: (한 손으론 아내의 어깨를 감싸 안으며 한 손으론 아내의 손을 잡고 걸어간다.)

아내: 용돈 줘~(귀여운 여자가 남편에게 투정 부리는 모습)

두 사람이 걸으면서 뭐라 뭐라고 한다. 아내는 투정 부리듯이 "용돈 줘. 용돈 줄 거지?" 하다가 남편이 어느 순간부터 "응응. 알았어. 알았어!" 하며 웃음 가득하게 걷기를 마친다.

아내: 나는 내 실수, 내가 음성이 크고 말투가 안 예쁜데, 말을 하면서 노력할게.

남편: 나는 내 실수, 나의 부족한 점을 보완하고 당신한테 조금 헌신적인 노력을 하기로 다짐할게요.

각자의 다섯 줄 이야기로 자신만의 극을 만들고 서로의 극을 감상한 뒤 서로의 단점이라고 생각했던 점에 대한 이해도가 높아지는 모습을 보였다. 아내는 남편에게 그동안 구체적인 말로 표현하지 않고 거친 말투나 행동으로 표현했음을 인정했다. 이제는 그런 불편한 감정이 이 시간을 통해 조금씩 해소되었기에, 남편 손을 먼저 잡고 저녁을 먹으러 가자고 제안했다고 한다. 이에 남편도 적극적인 손잡기와 감싸 안는 포옹으로 자신의 마음을 전달했다. 외로운 평행선이 아닌, 나란히 동반자의 길을 행복하게 걷는 장면을 보여 주며 연극이 끝났다.

나의 실수, 상대의 실수를 어떻게 받아들일지는 이제 앞으로 두 분의 숙제가 될 것이다. 그 숙제가 골칫거리거나 스트레스가 아니라 해결해 나가는 재미로 살아갈 것에 대해 성찰하며 모든 단계가 마무리되었다.

3 변화 이야기

남편 영철은 무표정에서 표정이 다양해지고 특히 미소와 웃음이 생겼다. 위축된 어깨가 펴지고 목소리가 단단해졌다. 자기 의견을 언제든지 때에 맞춰 말하기 시작했고, 아내의 말에 호응하며 응대하기 시작했다.

아내 선영은 빠르고 높은 톤의 말투가 느려지고 온화해졌다. 소녀 같은 미소가 잦아졌고, 영철을 지긋이 바라보는 모습이 자주 포착되었다. 어떤 주제든 본인이 늘 먼저 말하던 것이, 영철에게 먼저 말해 보라고 하거나 어떨 때는 영철의 말문이 열릴 때까지 가만히 기다리기도 했다.

가족연극치료가 모두 마무리된 후 처음 상담을 의뢰했던 딸이 상담센터로 찾아와 감사의 인사를 전했다. 연극치료 이후 가족 여행을 가게 되었는데, 가족 모임에서 아빠가 모든 대화에 참여하며 호탕하게 웃었다고 한다. 엄마도 아빠가 대화에 합류하는 것을 자연스럽게 받아들였다고 한다. 가족 모두에게 처음 있었던 일이라서 너무 신기하고 놀랍고 감사한 일이라고 했다. 또한 가족연극치료를 적극 의뢰하게 된 본인이 효도하게 된 격이 되었다며 감사 인사를 전했다. 일상에서도 엄마가 아빠를 대하는 말투가 부드러워졌고 서로가 알콩달콩한 느낌의 노부부가 되었다며 기쁨과 행복감을 전달하며 감동의 눈물을 내비쳤다.

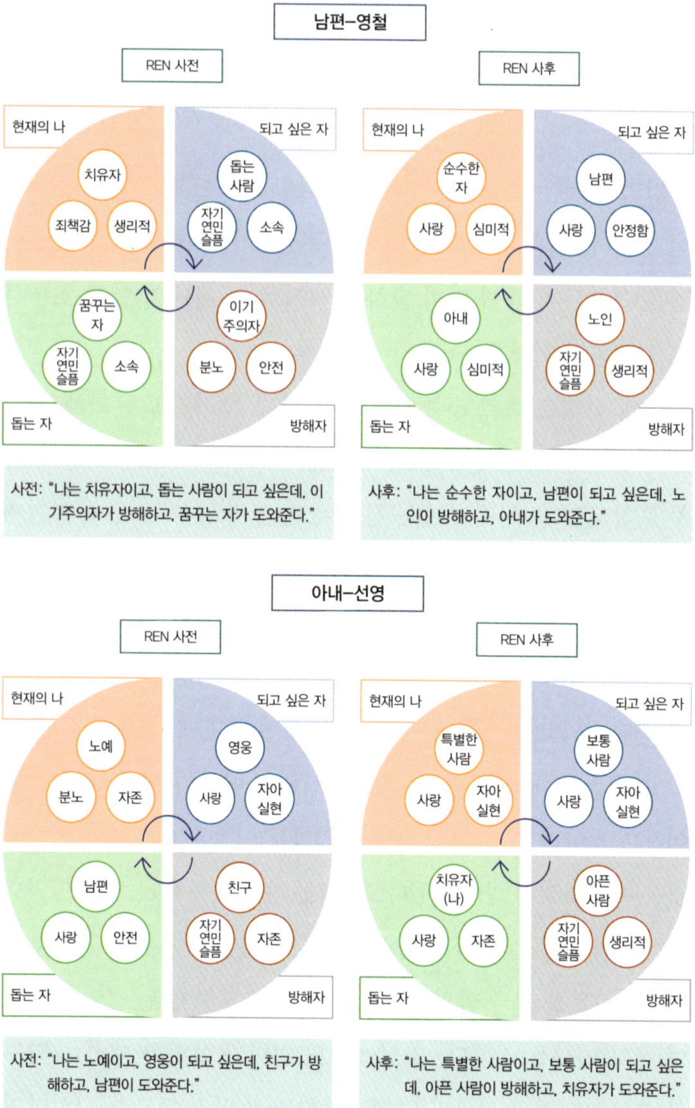

REN: 회복된 부부

5단계 가족연극치료 사례에 임한 참여자 부부의 사전과 사후의 변화에 대해 REN을 통해 확인해 보겠다.

1) 남편 영철의 변화 이야기

남편–역할 · 감정 · 욕구 관계도												
구조	현재의 나			되고 싶은 자			방해자			돕는 자		
REN	역할	감정	욕구	역할	감정	욕구	역할	감정	욕구	역할	감정	욕구
사전	치유자	죄책감	생리적	돕는 사람	자기 연민 슬픔	소속	이기주의자	분노	안전	꿈꾸는 자	자기 연민 슬픔	소속
사후	순수한 자	사랑	심미적	남편	사랑	안전함	노인	자기 연민 슬픔	생리적	아내	사랑	심미적

(1) 사전

"나는 **치유자**이고, **돕는 사람**이 되고 싶은데, **이기주의자**가 방해하고, **꿈꾸는 자**가 도와준다."

- 현재의 나
  - 역할(치유자): 현재의 모습을 바꿀 수 있는, 치유를 바라는 사람, 변하고 싶은 사람
  - 감정(죄책감): 노력하면 할 수 있는데, 못한 것에 대한 것
  - 욕구(생리적): 앞으로의 삶이 행복하려면 건강을 유지해야 해서

- 되고 싶은 자
  - 역할(돕는 사람): 나 이외의 사람(가족)에게 도움을 주고 싶다.
  - 감정(자기연민 슬픔): 도움을 못 준 것 같아서 슬프다.
  - 욕구(소속): 나 아닌 타인에게 모범적인 모습을 보여 주고 싶다.

- 방해자
  - 역할(이기주의자): 나 혼자만의 생각을 하는 것이 방해가 된다.
  - 감정(분노): 상대방 생각을 못 하고 나만 생각한다는 것 때문에 두렵다.
  - 욕구(안전): 혼자만의 생각보다는 공유하는 것이 더 안전하지 않은가?

- 돕는 자
  - 역할(꿈꾸는 자): 나의 부족함에 보탬이 될 수 있는 사람(아내를 의미하고 있음)
  - 감정(자기연민 슬픔): 꿈이 이루어지지 않아서
  - 욕구(소속): 같이 공유하고 싶어서

(2) 사후

"나는 **순수한 자**이고, **남편**이 되고 싶은데, **노인**이 방해하고, **아내**가 도와준다."

- 현재의 나
  - 역할(순수한 자): 악의보다는 서로에게 공유하는 마음이 생긴 것
  - 감정(사랑): 순수한 사랑의 마음을 느끼는 것
  - 욕구(심미적): 아름다운 마음을 가져야 상대의 마음도 좋을 것

- 되고 싶은 자
  - 역할(남편): 남편은 가족을 대변하는 가장이기 때문에 그 역할을 해내고 싶다.
  - 감정(사랑/희망): 사랑의 감정이 그동안 부족하지 않았나. 지금은 그 감정을 느낀다.
  - 욕구(안전함): 모든 것에서 안전이 최우선이다.

- 방해자
  - 역할(노인): 노인은 모든 능력이 저하되기 때문에 방해가 된다.
  - 감정(자기연민 슬픔): 노인은 모든 능력이 부족하기 때문

에 슬프다.

- 욕구(생리적): 모든 능력이 부족해지면 힘드니까, 건강해지고 싶다.

• 돕는 자

- 역할(아내): 나에게 대화하는 방식이 온순해져서 도움을 받을 수 있다.
- 감정(사랑): 전보다 많이 잘해 주려고 노력하는 것이 사랑으로 느껴진다.
- 욕구(심미적): 심리적으로 변화되었기 때문에 기분이 좋고 앞으로 행복해지고 싶다.

(3) 변화도

사전 현재의 나는 치유가 되지 않은 힘든 상태의 나이자 치유를 원하는 나였다. 사후 현재의 나는 순수한 사랑과 아름다운 마음을 가진 자로서, 부부가 서로 생활과 마음을 공유하면서 오는 기쁨을 누리는 자로 변화되었다.

사전 되고 싶은 자는 가족을 돕는 자로 그간 가족을 제대로 돕지 못했다는 슬픈 마음이 유지되고 있었다. 사후 되고 싶은 자는 잊고 지냈던 사랑의 마음이 회복된 채 사랑이 가득한 남편이자 든든한 가장이 되고 싶다고 했다. 내면의 힘이 달라졌다.

사전 방해자는 타인을 생각하지 못하고 자신만 생각하는 스스로 고립되어 버린 이기적인 자신이었다. 사후 방해자는 일상적인 것으로 노인에게 누구나 있을법한 나이로 인한 신체 무능감이라고 하였다. 심리에서 신체로 옮겨졌다.

사전 돕는 자는 아내였는데, 이때의 아내는 남편과의 공감대가 결여되어있고 스스로 꿈이 실현되지 않아 슬픔에 잠겨 있는 아내였다. 사후의 돕는 자도 아내였는데, 이때의 아내는 사랑이 가득하고, 아름다움이 넘치고, 자신에게도 친절하고 온순한 대화법을 사용하며 정서적 · 물리적 도움을 주는 아내로 변화되어 있었다.

2) 아내 선영의 변화 이야기

아내-역할 · 감정 · 욕구 관계도												
구조	현재의 나			되고 싶은 자			방해자			돕는 자		
REN	역할	감정	욕구	역할	감정	욕구	역할	감정	욕구	역할	감정	욕구
사전	노예	분노	자존	영웅	사랑	자아 실현	친구	자기 연민 슬픔	자존	남편	사랑	안전
사후	특별한 사람	사랑	자아 실현	보통 사람	사랑	자아 실현	아픈 사람	자기 연민 슬픔	생리적	치유자 (나)	사랑	자존

(1) 사전

"나는 **노예**이고, **영웅**이 되고 싶은데, **친구**가 방해하고, **남편**이 도와준다."

- 현재의 나
  - 역할(노예): 그동안 너무 일만 했다.
  - 감정(분노/원망): 남편이 안 도와주니까 나만 해야 한다는 생각과 마음(생활력/경제력)
  - 욕구(자존): 남에게 지기 싫어서 인정받고 싶다.

- 되고 싶은 자
  - 역할(영웅): 내 삶이 완전체가 되고 싶다.
  - 감정(사랑/희망): 지금 내 나이에 어느 정도 성공했다고 자부한다.
  - 욕구(자아실현): 내 자식을 잘 키웠고, 앞으로도 잘 키우고 싶다.

- 방해자
  - 역할(친구): 남편과 친구로서의 대화가 안 된다.
  - 감정(자기연민 슬픔): 남편과 나의 생각 차이가 마치 봄과 겨울이다. 생각이 너무 달라 슬프다.
  - 욕구(자존): 체면을 내세우고 싶은, 체면을 차리는 마음

- 돕는 자
  - 역할(남편): 말없이 청소도 하고 집안일을 돕는다.
  - 감정(사랑): 상대방(나)이 힘드니까 최소한의 일을 도와주는 마음

– 욕구(안전): 상대방이 편하면 내 마음도 편하고 즐거우니까

(2) 사후

"나는 **특별한 사람**이고, **보통 사람**이 되고 싶은데, **아픈 사람**이 방해하고, **치유자**가 도와준다."

- 현재의 나
  – 역할(특별한 사람): 긴 터널에서 빠져나왔다.
  – 감정(사랑): 세상이 바뀌게 보인다. 마음이 달라서 보는 각도가 달라 보인다.
  – 욕구(자아실현): 내가 건강을 되찾았으니 앞으로 돈을 더 많이 벌고 싶다.

- 되고 싶은 자
  – 역할(보통 사람): 아주 평범한 가정주부로 친구들과 잘 융화하고, 직장에서도 잘 지내는 사람
  – 감정(사랑/희망): 앞으로의 일들이 잘될 거라는 꿈을 마음속으로 꾸고 있다.
  – 욕구(자아실현): 내 딸이 바라는 목표지점에 도달하는 것

• 방해자

– 역할(아픈 사람): 내 몸이 아픈 부분에 대해서(유방암), 큰 수술을 받았던 것

– 감정(자기연민 슬픔): 몸과 마음이 다 지쳐서 슬프다.

– 욕구(생리적): 잘 견뎌 내고 건강해져서 세월이 지나고 새로운 나를 만나고 싶다.

• 돕는 자

– 역할(치유자, 나): 생각지도 못한 문제(어려움)를 잘 풀어 주는 사람

– 감정(사랑): 나를 잘 이끌어 준 것이 사랑스럽고 존경스럽기까지 하다.

– 욕구(자존): 오뚝이처럼, 앞으로 소나무(누가 나를 침해하지 못하게, 내가 우뚝 서는 것)처럼 되고 싶다.

(3) 변화도

사전 현재의 나는 노예로, 그간 일을 너무 많이 하면서 경제력, 생활력, 집안일 모두 혼자서 도맡아 하는 것에 대해 지쳐 있음을 강력하게 표현했다. 사후 현재의 나는 특별한 사람으로, 마음이 건강해지면서 몸까지 건강해지고 활력이 솟고, 세상 보는 눈이 바뀌었고 모든 게 달라 보인다고 하며, 긴 터널을 빠져나온 심정이라고 했다.

사전 되고 싶은 자는 어려운 상황과 삶을 모두 극복한 자신을

칭찬하며 더한 영웅이 되고 싶다고 했다. 사후 되고 싶은 자는 소소한 일상에서 행복과 감사를 느끼는 보통 사람으로 찾았다. 주변인과 잘 소통하고, 딸처럼 자신도 자기를 실현하며 남은 인생을 꿈을 가지고 살아가고 싶다고 했다. 일상과 미래의 삶까지 확장 통합된 모습이 나타났다.

사전 방해자는 불통의 대명사라고 하며 남편을 꼽았다. 그간의 답답함, 속 터짐, 불편감을 강하게 느끼고 있음을 강력히 표현했다. 그만큼 배우자와의 관계에서 소통과 편안함이 이루어지기를 오랫동안 소망했음도 드러났다. 사후 방해자는 아픈 사람으로 찾았다. 남편과의 관계가 회복되면서, 자신을 돌아보며 약해진 육체를 다시금 생각하게 되면서 애잔한 마음이 생겼다고 했다. 그러면서 건강을 유지하고 지켜서 새로운 나를 만나고자 하는 소망을 드러냈다.

사전 조력자는 남편이었다. 답답하고 속 터지는 남편이라고 아우성쳤으나, 묵묵히 집안일을 하는 것이 자신을 어느 정도 생각해 주는 게 소소하게나마 느껴져서라고 했다. 남편이 밉고 싫다고 했지만, 마음 한편에는 정서적 지지의 대상으로 남아 있음이 드러난 대목이다. 사후 조력자는 자신이었다. 이번 가족연극치료를 통해 변화된 자신을 만났다. 힘들었던 시절을 극복해낸 자신을 인지하면서 자신이 자신에게 치유자였음을 발견했다. 건강한 자애가 생겼으며, 자신의 힘을 믿고 미래를 꿈꾸는 자가 되었다.

이처럼 REN을 통한 참여자의 사전 · 사후 긍정적인 변화는 뚜

렷하게 드러났으며, 연극치료에서 역할이 지닌 무한한 힘과 에너지를 실질적으로 입증해 보였다. 또한 짧은 회기로 유의미한 변화가 가능했던 것은 혼자가 아닌 가족이 함께한 가족연극치료였기 때문이다.

에필로그

완벽해서 사랑하는 것이 아니라
연약해서 사랑해야 하는 존재

남자인 아담과 여자인 하와는 성경에서 첫 번째 부부이자 첫 가족으로 등장한다. 아담과 하와는 에덴동산에서 어떻게 지냈을까? 둘의 행동과 언어는 어땠을까? 여유 있는 언행과 함께 서로를 사랑스러워했을 것이다. 서로에게 호기심을 가지고 있는 그대로를 흐뭇해하며 지냈을 것이다. 그들은 에덴동산에서 그 어느 것도 부족함 없이 풍성한 삶을 살아가며 모든 것을 누릴 수 있었다. 그러던 어느 날, 하나님이 금했던 선악과를 먹게 되면서 상황이 급변한다. 부부는 자신의 벌거벗은 모습에 부끄러움과 수치심을 느끼고 숨어 버린다. 하나님께 이 사실이 드러나자, 아담은 하와를 탓하고, 하와는 뱀을 탓하며 변명하기에 바빴다. 결국, 그들은 하나님으로부터 벌을 받아 부족함이 없는 에덴동산에서 쫓겨나고, 척박한 땅에서 힘들게 살아가게 된다. 이 이야기는 성경의 첫 번째 책인 창세기 초반에 담겨 있다.

이 이야기를 보면 인간의 연약함이 잘 드러난다. 유혹에 쉽게 넘어가고, 그 결과 척박한 환경에 처하게 된다. 수치심을 느끼자 불안해서 숨어 버리고, 자기 잘못이 드러날까 두려워 타인을 탓하는 모습은 우리 사회에서도 흔히 볼 수 있는 장면이다. 이런 행동은 가정에서도 자주 나타나며, TV 드라마, 영화, 옛이야기 등에서도 반복적으로 등장하는 주제이다. 이러한 모습은 인간의 본성과 약점을 반영하고 있어, 많은 사람에게 익숙하게 느껴질 것이다.

에덴동산에서 쫓겨난 이후 아담과 하와의 관계는 어떻게 변했을까? 그들은 자신의 잘못을 깨우치고 행복하게 살았을까? 자신의 상처와 서로의 상처를 어떤 식으로 회복하려고 했을지 궁금하다. 아담과 하와는 어떤 대화를 주로 하며 지냈을까? 그러다 아담과 하와는 부모가 된다. 그들은 가인과 아벨이라는 두 명의 아들을 두었다. 첫 부모인 아담과 하와에게 자녀 양육에 대한 경험이 전혀 없었던 상황에서 두 아들은 자라난다. 아담과 하와는 자녀 양육을 어떻게 했을까? 형인 가인과 동생인 아벨은 성장한 뒤 안타깝게도 갈등이 생기게 되는데, 이 둘의 관계는 왜, 언제부터 이렇게 틀어지게 되었을까?

아담과 하와의 가정을 생각해 보면 여러 가지 질문이 떠오른다. 환경이 좋으면 건강한 가정이 만들어지는 걸까? 부부관계가 완전하면 모든 자녀가 건강하게 자랄까? 부모로서 역할을 잘해야만 자녀들이 건강한 삶을 살아가는 것일까? 자녀가 부모의 말을 잘 듣는다고 해서 그들이 괜찮은 사회생활을 할 수 있는 것일까?

가정에서 진정 이루어져야 하는 것은 무엇일까? 사실 가정을 회복하는 데 수많은 방법론이 있지만, 가장 중요한 것은 용서와 사랑일 것이다. 더 사랑하지 못한 것에 대한 미안함을 진지하게 부여잡고, 미안함을 전하고 그 미안함을 받아 보자. 그리고 못다 한 사랑을 아까워하지 말고 마음껏 원 없이 전달해 보자.

우리는 아이가 태어나 자랄 때 스스로 아무것도 할 수 없을 만큼 연약하고 부족하다는 것을 알고도 사랑을 준다. 그런데 성장하면서 어린이답지 못하다고, 청소년답지 못하다고, 청년답지 못하다고, 어른답지 못하다고, 부모답지 못하다고, 여자답지 못하다고, 남자답지 못하다고 미움과 비난을 받는다. 사회는 언제든지 엄격한 잣대를 들이대며 평가하고 재단하려고 혈안이니 우리에겐 힘이 필요하다. 확언하건대 인간은 완벽한 그 사람이 단 한 순간도 될 수 없다. 인간이 없는 지구는 지구가 아니다. 지구는 인간을 위해 존재한다고 생각한다. 하여, 인간이 없는 우주도 존재할 수 없다. 우주는 인간을 위해 존재하는 것이다. 그렇기에 인간은 이 세상에 존재하는 것만으로도 충분히 사랑 받을 만한 존재이다. 그러한 사람이 가정에서 태어난다. 사람은 잉태될 때부터 자기만의 자원의 빛을 가지고 있다. 연약함 속에서도 서툶 속에서도 그 사람만의 빛을 발견해 주고 사랑해 주자. 가정에서 그 사랑을 충분히 받고 마음껏 성장한다면 우리는 유연한 힘이 있는 사람으로 자라날 수 있다. 그렇게 되면 관계에서 상대와 불편해지고 미움받는 것 또한 감수할 줄 알며, 그 안에서도 유연함을 유지할 수 있다. 또한 살아가면서 부지불식간에 일어나는 사고와 갈등을 통과해 내는 의연함, 그리고 그 순간에 잘 머무를 줄 아는 용기와 지혜를 활용할 수 있다. 그러기 위해 무한정 강해져야만 하는 것이 아니다. 단단함만으로 무장한 강함이 아니다. 유함 속에 강함이 있는 것이 진정한 강함일 것이다. 한 조각의 빛, 한 모금의 물, 한 순간의 실바람, 한 줌의 흙을 보라. 그것은 생명의 근원인 태양이고, 생명의 물, 숨 쉬는 바람, 대지를 이룬다. 가정 안에서의 소소한 사랑, 작은 사랑, 반복되는 사랑이 크고 충만한 사랑으로 거듭나 힘을 발휘할 수 있다. 사랑은 한 사람의 평생, 사람이 나고 자라고 죽음을 맞이한 그 순간까지 그리고 죽음 이후에도 이어져야 할 것이다.

나 또한 여러분처럼 삶 속에서 더 사랑하지 못한 미안함과 함께, 더 사랑하려고 노력하고, 때로는 치열하게, 때로는 흘러가는 대로 살아가고 있다. 이러한 점을 바탕으로, 나의 삶과 연극심리상담사로서의 경험을 통해 사랑하는 연극치료와 연계하여 가족연극치료를 설명하고자 했다. 가정의 의미와 가족 간의 관계를 깊이 있게 탐구하며, 여러분과 함께 생각을 나누고 싶었다. 우리는 완벽해질 수 없다. 서로의 서툶을 인정하고 받아들인다면 그것이 곧 완벽일 것이고 그것이 곧 유연함이며 그것이 서툶의 미학이라고 생각한다. 우선 나에게 그 서툶의 미학을 적용하자. 그리고 가족에게 더 나아가 타인에게 그 유연한 사랑을 나누어 보자.

참고문헌

김미희(2012). 정신분열병 환자를 위한 스토리 메이킹 활용 연극치료에 관한 연구. 용인대학교 예술치료학과 석사학위논문.

김미희(2019). 감정인식을 위한 성인발달장애 연극치료 연구. 한국연극예술치료학회.

김미희(2022). 대인 외상 경험 성인의 정서조절을 위한 연극치료 연구. 용인대학교 예술치료학과 박사학위논문.

김용태(2000). 가족치료 이론. 학지사.

박미리(2013). 감정모델 연극치료. 학지사.

신동훈(2023). 옛이야기의 힘: 대담하고 자유로운 스토리의 원형을 찾아서. 나무의 철학.

이선형, 정미예. (2010). 연극, 영화로 떠나는 가족치료. 시그마프레스.

이효원(2019). 연극치료에서 이야기를 어떻게 쓸 것인가. 박영스토리.

임형빈(2014). 대상중심 가족치료의 실제. 북랩.

권도은. (작가). (2022). 스물다섯 스물하나 [TV 시리즈]. 화앤담픽쳐스. https://tvn.cjenm.com/ko/twentyfivetwentyone/photo/

김은숙. (작가). (2022). 더 글로리 파트 1 [TV 시리즈]. 화앤담픽쳐스. https://www.netflix.com/kr

김은숙. (작가). (2022). 더 글로리 파트 2 [TV 시리즈]. 화앤담픽쳐스. https://www.netflix.com/kr

노희경. (작가). (2022). 우리들의 블루스 [TV 시리즈]. 스튜디오드래곤. https://tvn.cjenm.com/ko/ourblues/photo/

이우정. (작가). (2015). 응답하라 1988 [TV 시리즈]. tvN, CJ E&M. https://tvn.cjenm.com/ko/reply1988/photo/

Bakal, D. (1999). *Minding the body: Clinical uses of somatic awareness*. Guilford Press.

Bradshaw, J. (2004). 상처받은 내면아이 치유 (*Homecoming*) (오제은 역). 학지사. (원저는 1990년에 출판).

Ginott. H. G., Ginott. A., & Goddard. W. (2003). 부모와 아이 사이 (*Between Parent and Child*). (신홍민 역). 양철북. (원저는 1965년 출판).

Herman, J. (2012). 트라우마: 가정폭력에서 정치적 테러까지 (*Trauma and Recovery*) (최현정 역). 열린책들. (원저는 1997년에 출판)

Jones, P. (2005). 드라마와 치료 (*Drama as Therapy*) (이효원 역). 울력. (원저는 1996년에 출판).

Landy, R. J. (1993). *Persona and performance: The meaning of role in drama, therapy and everyday life*. Guilford Press.

Landy, R. J. (1994). *Persona and performance*. Jessica Kingsley.

Landy, R. J. (2002). 억압받는 사람들을 위한 연극치료 (*Theatre of the Oppressed*) (이효원 역). 울력. (원저는 1974년에 출판).

Landy, R. J. (2008). *The couch and the stage: Integrating words and action in psychotherapy*. Jason Aronson.

Landy, R. J. (2009). *Role theory and the role method of drama therapy*. Charles C Thomas.

Littell, M. (2016). 가족치료 사례 개념화 (*Case Conceptualization in Family Therapy*) (정혜정 역). 학지사. (원저는 2009년에 출판).

Maslow, A. H. (1943). A preface to motivation theory. *Psychosomatic Medicine, 5*(1), 85–92.

Maslow, A. H. (1943). Conflict, frustration, and the theory of threat. *Journal of Abnormal and Social Psychology, 38*(1), 81–86.

Maslow, A. H.(2005). 존재의 심리학 (*Toward a psychology of being*). (정태연, 노현정 역). 문예출판사. (원저는 1968년에 출판).

Maslow, A. H.(2018). 매슬로의 동기이론 (*Theory of Human Motivation*). (소슬기 역). 유엑스 리뷰.

Moreno, J. L. (1946). *Psychodrama* (Vol.1). Beacon House.

Moreno, J. L. (1960). *The Sociometry Reader*. Free Press.

Moses, A. M. R. (2023). 인생의 봄에는 할 일이 참 많습니다 (*Anna Mary Robertson Moses*). (류승경 역). 수오서재.

Pitzele, P. A (2016). 비블리오 드라마로의 초대 (*Towards a Practice of Biblodrama*). (고원석 역). 한국장로교출판사.

Reiter, M. D. (2016). 가족치료 사례 개념화 (*Case Conceptualization in

Family Therapy). (정혜정 역). 학지사. (원저는 2014년 출판)

Rosenburg, M. B. (2004). **비폭력 대화** (*NonViolent Communication*) (캐서린 한 역). 바오. (원저는 2003년 출판).

Satir, V. & Banmen, J. & Gomori. M. (2000). **사티어 모델: 가족치료의 지평을 넘어서** (*Satir model: family therapy and beyond*). (김영애 역). 김영애가족치료연구소.

Satir, V. (2012). **가족 힐링** (*The New Peoplemaking*). (강우리 역). 푸른육아. (원저는 1988년에 출판).

van der Kolk, B. A. (1994). The body keeps the score: Memory and the evolving psychobiology of posttraumatic stress. *Harvard Review of Psychiatry, 1*, 253-265.

van der Kolk, B. A. (1996). *The complexity of adaption to trauma: Self-regulation, stimulus discrimination, and characterological development.* Guilford Press.

van der Kolk, B. (2016). **몸은 기억한다** (*The Body Keeps the Score*). (제효 역). 을유문화사. (원저는 2014년에 출판).

Buck, C. (Director). (2013). *Frozen* [movie still]. Walt Disney Pictures, Walt Disney Animation Studios. https://movie.naver.com

Buck, C. (Director). (2019). *Frozen* 2 [movie still]. Walt Disney Pictures, Walt Disney Animation Studios. https://movie.naver.com

Docter, P. (Director). (2015). *Inside Out* [movie still]. Walt Disney Pictures, Pixar Animation Studios. https://www.pixar.com/inside-out

Osborne, E. (n.d.). *Three daughters of King Lear* [Painting]. Artvee. https://artvee.com/dl/three-daughters-of-king-lear#00

West, B. (1793). *King Lear and Cordelia* [Painting]. Folger Shakespeare Library. https://www.digitalcollections.folger.edu/img3039

찾아보기

인명

내용

저자 소개

김미희(Kim Mihee)

12월 24일 함박눈이 소복이 내리던 날, 전라남도 송정리역 앞에서 미용실과 이용원을 운영하던 부부의 셋째 딸로 태어나 딸이 다섯이나 되는 일곱 가족 안에서 자랐다. 큰 트라우마로 인해 20대 전체를 버겁게 지내다 서른을 앞두고 세상을 등지고 싶던 어느 날, 연극치료라는 학문을 운명적으로 만나 회복을 거듭하며 오늘날까지 왔다.
현재는 아름다운 고장 남양주에서 예술 심리상담센터 대표원장으로 다양한 참여자를 만나고, 우리리창 연극예술치료 연구소에서 연구를 진행 중이며, 연극치료 수련감독으로 후배들과 소통하고 있다.
대표 연구로는 「실존주의 심리치료와 오누이장수설화」「정신분열 환자들를 위한 스토리 메이킹 활용 연극치료에 관한 연구」「감정인식을 위한 성인발달장애 연극치료 연구」「대인 외상 경험 성인의 정서조절을 위한 연극치료 연구」가 있고, 연극치료기여상, 최우수논문상, 박사논문공로상을 수상했으며, MBC, SBS, KBSDrama, OnStyle, TV조선, Y-STAR에서 가족연극치료 관련 진행으로 TV 방송에 다수 출연했다.

알기 쉬운 연극치료 시리즈 4

가족연극치료, 유연으로 한 걸음

Family Drama Therapy, One Step Towards Fexibility

2025년 6월 20일 1판 1쇄 인쇄
2025년 6월 30일 1판 1쇄 발행

지은이 • 김미희
펴낸이 • 김진환
펴낸곳 • ㈜학지사
04031 서울특별시 마포구 양화로 15길 20 마인드월드빌딩
대표전화 • 02-330-5114 팩스 • 02-324-2345
등록번호 • 제313-2006-000265호

홈페이지 • http://www.hakjisa.co.kr
인스타그램 • https://www.instagram.com/hakjisabook

ISBN 978-89-997-3464-9 94180
978-89-997-3103-7 (set)

정가 17,000원